Das Goldene Buch von

WIEN

220 farbige Illustrationen

EB S
BONECHI VERLAG STYRIA

Vertrieb
für Österreich
VERLAG STYRIA
Schönaugasse 64
A-8010 GRAZ
Tel. (0 316) 80 63-0
Telex 31-1782
Telefax (0 316) 80 63-7004

für Deutschland
Verlag Butzon & Bercker GmbH
Birgit Terschluse
Hooge Weg 71
Postfach 215
D-47623 Kevelaer
Tel. (0 28 32) 929-0
Telefax (0 28 32) 40 321

für die Schweiz
Herder AG Basel
Verlagsauslieferungen
Muttenzerstrasse 109
Postfach
CH-4133 Pratteln 2
Tel. (0 61) 821 09 00
Telefax (0-61) 821 09 07

Via Cairoli 18/b
50131 Firenze, Italia
Telex 571323 CEB
Fax 5000766

Gedruckt in Italien vom
Centro Stampa Editoriale Bonechi.

ISBN 3-222-11751-9

* * *

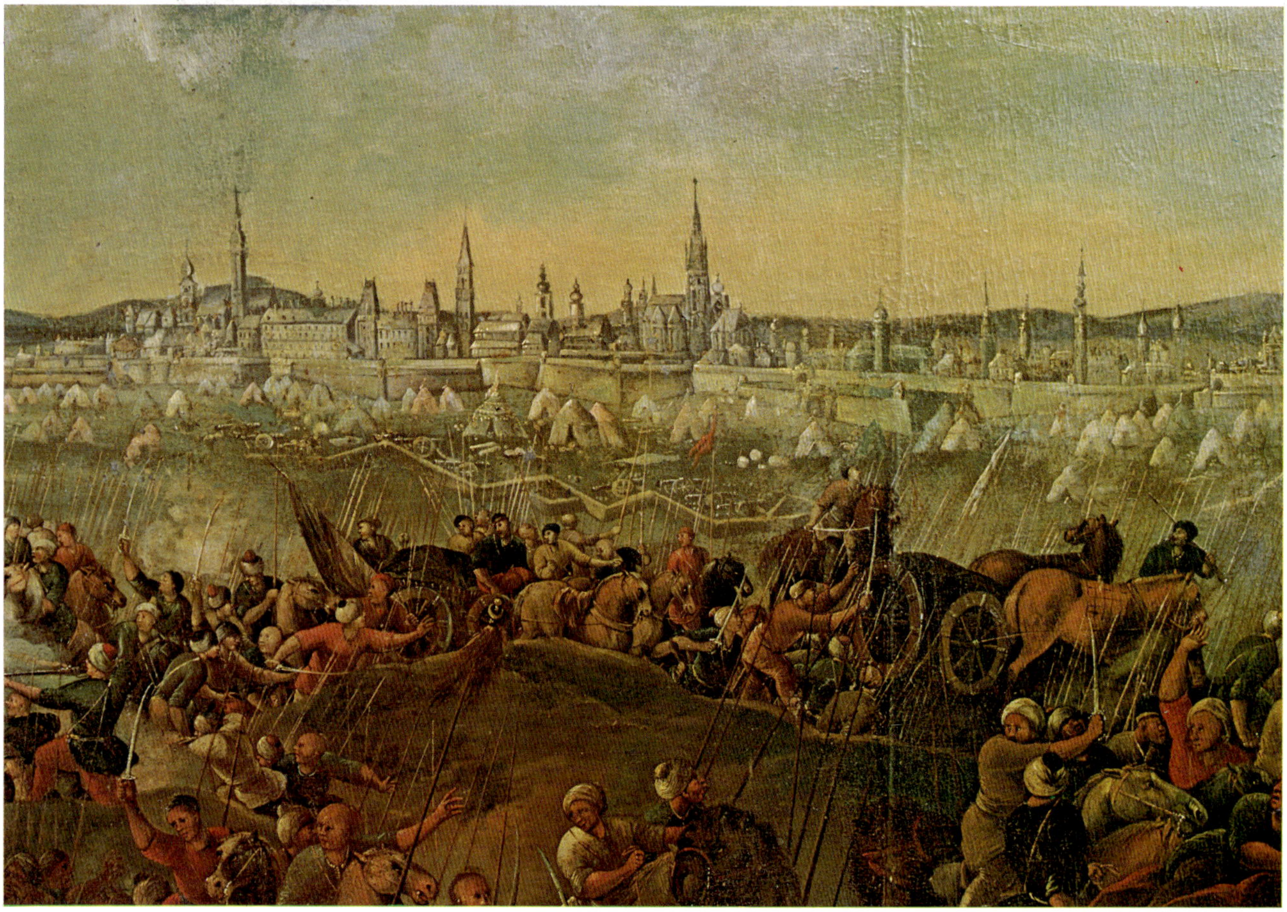

Wien bei der Türkenbelagerung 1683
(Georg Philipp Rugendas, Kloster Heiligenkreuz).

GESCHICHTLICHER ÜBERBLICK

Wien und seine Umgebung sind seit dem Neolithikum besiedelt. Am Schnittpunkt europäischer Hauptverkehrswege (Ausläufer der Alpen, Donau, Bernsteinstraße) entstand eine illyrisch-keltische Siedlung Vindobona (auf dem heutigen Leopoldsberg), während die Römer, die 15 v. Chr. an der Donau erschienen, ein Militärlager gleichen Namens am Südufer des Flusses errichteten. Es umfaßte einen Teil des heutigen ersten Bezirkes, ungefähr entlang der Linie: Tiefer Graben - Naglergasse - Graben - Kramergasse - Rotgasse. Die Zivilstadt befand sich auf dem Boden des heutigen dritten Bezirks (Rennweg, Aspangbahnhof). 166 wurden beide Städte beim Markomanneneinfall zerstört. Die verstärkt wieder aufgebaute Militärstadt Vindobona diente Kaiser Marc Aurel bei seinen Germanenkriegen als Hauptquartier. Als die römische Donaugrenze im 5. Jh. zusammenbrach, wurde Vindobona neuerlich verwüstet, bestand jedoch als verwilderte Siedlung kleineren Umfangs weiter. Ein langobardischer Friedhof auf Wiener Stadtgebiet deutet darauf hin, daß Vindobona im Einflußbereich dieses germanischen Volkes lag, dem wohl Goten, Alanen und Rugier vorangegangen waren. Zu Ende des 6. Jhs. entstand im Wiener Raum ein Machtvakuum, in das Awaren und Slawen vorstießen.

Die nächsten Jahrhunderte gehören zur dunkelsten Zeit Wiens: es gibt keinerlei Nennungen der Stadt, deren Umgebung nach den Siegen Karls d. Gr. über die Awaren (796) aus dem fränkisch-bayerischen Raum besiedelt wurde. Die Patrozinien der ältesten Kirchen Wiens (Rupert, Petrus) weisen auf Beziehungen zum bayerischen Missionszentrum Salzburg. In den Zeiten des Niedergangs verschwindet auch der Name Vindobona (auch Vindomina). In der ersten mittelalterlichen Nennung der Stadt (881) heißt sie Wenia (aus keltisch Vedunia - Waldbach). Wien leitet also seinen modernen Namen von dem kleinen Flüßchen ab, das, aus dem Wienerwald kommend, das Stadtgebiet in west-östlicher Richtung durchfließt und in die Donau (heute Donaukanal) mündet. Im 10. Jh. zählt die Stadt zum Machtbereich der nomadisierenden Ungarn, ohne daß dadurch die fränkisch-bayerische Siedlungsbewegung unterbrochen wird. Nur ein Teil der vom ehemaligen römischen Mauerring umgebenen Fläche Wiens war damals besiedelt: ein festes Zentrum dürfte der sogenannte Berghof (Hoher Markt-Marc Aurelstraße) gewesen sein, während sich um die

Kirchen St. Ruprecht und St. Peter dörfliche Niederlassungen gebildet hatten. Um das Jahr 1000 kommt Wien an die bayerische Ostmark, mit der seit 976 die Babenberger belehnt waren. 1030 wird die Stadt im Zusammenhang mit einer militärischen Aktion Kaiser Konrads II. gegen die Ungarn erwähnt; doch steht Wien noch im Schatten anderer Donaustädte wie Melk, Krems, Tulln oder Klosterneuburg. Im 12. Jh. erfolgt jedoch ein rascher Aufstieg. Als Österreich 1156 zum Herzogtum erhoben wird, wählt der erste Herzog Heinrich II. Jasomirgott Wien zu seiner Residenz (herzogliche Burg Am Hof). Um 1200 ist Wien bereits die volkreichste und wirtschaftlich bedeutendste deutsche Stadt nach Köln. Diese Bedeutung kommt im ersten Stadtrecht von 1221 zum Ausdruck. Die weitverzweigten politischen Beziehungen der Babenberger bringen Wien großen Nutzen. Wien wird zum Umschlagplatz verschiedener kultureller Einflüsse. Verbindungen zu Byzanz, zu Böhmen und Ungarn steht ein lebhafter Kontakt mit dem flandrisch-wallonisch-englischen Raum gegenüber. Der Wiener Hof der Babenberger ist einer der Mittelpunkte höfischer Kultur. Nach einigen Stadterweiterungen ist zu Beginn des 13. Jhs. der Umfang erreicht, den die Stadt bis ins 19. Jh. beibehalten sollte (etwa dem ersten Bezirk entsprechend).

Nach dem Aussterben der Babenberger (1246) wird Wien von den Auseinandersetzungen um deren Erbe betroffen, doch behält es seinen Rang als herzogliche Residenz, nachdem die Habsburger Österreich erworben hatten (1282). Das Spätmittelalter ist gekennzeichnet vom Aufblühen des gotischen Wien (Hofburg als neue Residenz, St. Stephan, Maria am Gestade), dessen Stellung als politisches und kulturelles Zentrum vor allem durch Herzog Rudolf IV. gefestigt wird: Gründung der Wiener Universität 1365. Doch ist ein latenter Gegensatz zwischen der reichen selbstbewußten Bürgerschaft und dem herzoglichen Stadtherrn nicht zu übersehen. In den Streitigkeiten der Habsburger untereinander ergreift die Stadt wiederholt Partei und scheut sich nicht, Kaiser Friedrich III. 1462 in der Hofburg zu belagern. 1485-1490 wird Wien vom Ungarnkönig Matthias Corvinus besetzt. Maximilian I. erneuert zwar die Universität im humanistischen Geiste, doch gibt er im übrigen Innsbruck als Residenz den Vorzug. Seine burgundisch-spanische Politik bringt Wien keine unmittelbaren Vorteile, doch verstärken sich die Beziehungen Wiens zum Osten durch Fürstenkongreß und Doppelhochzeit von 1515.

Die in diesen Jahren de facto erlangte größere Unabhängigkeit gegenüber den Habsburgern geht jedoch bei dem Versuch, diese zu festigen, verloren. Die Spitzen des selbstherrlichen Rats werden in Wiener Neustadt hingerichtet (1522). Seit dieser Zeit ist Wien im wesentlichen Kaiserstadt, wenn es auch im innerhabsburgischen Bereich die Stellung einer Residenzstadt mit Graz und Innsbruck für einige Zeit teilen muß. Die Erwerbung Böhmens 1526 bringt einen Gegensatz zu Prag, das zeitweise Sitz der Habsburger wird (vor allem unter Kaiser Rudolf II.).

Seit dem 15. Jh. wird Wien als «Herz und Schild» des römisch-deutschen Reiches angesehen. Dieser Ehrentitel wird verdient durch die Stellung der Stadt als abendländisches Bollwerk gegen das aggressive islamisch-osmanische Reich: 1529 und 1683 wird Wien von den Türken belagert. Nach der erfolgreichen Abwehr der zweiten Belagerung kommt es zum Ausbau der barocken Stadt. Viele gotische Bauten müssen Barockpalästen und barocken Bürgerhäusern weichen, die nicht nur die Stadt selbst, sondern auch Vorstädte und Vororte Wiens schmücken. Im Zeitalter Karls VI., Maria Theresias und Josefs II. erlangt Wien Weltgeltung: Einflüsse aus West und Ost, Nord und Süd werden auf eigener Grundlage zu einer Vielfalt des kulturellen Lebens verwoben. Der Wiener Kongreß 1814/15, auf dem die Neuordnung Europas nach den Napoleonischen Kriegen festgelegt wird, macht die Stadt zum glanzvollen Vorort Europas.

In den darauffolgenden Jahren werden jedoch die ersten Krisen spürbar, die das soziale und wirtschaftliche Gefüge der Stadt ins Wanken bringen. Ist auch die Kultur des Biedermeier mit Wien untrennbar verbunden, so werden die Risse im gesellschaftlichen Bau des Staates doch in der kaiserlichen Residenzstadt besonders merkbar. Die Märzrevolution 1848 führt zur Flucht des Kaisers aus Wien. Die Stadt wird jedoch von der kaiserlichen Armee wieder erobert. War die Revolution auch ein Fehlschlag, so sprengte sie dennoch die mittelalterliche Enge der Stadt. Unter der Herrschaft Kaiser Franz Josefs I. beginnt die Niederreißung der Stadtmauern, die Anlage der Ringstraße mit ihren im historistischen Stil gehaltenen Prachtbauten und werden die Vorstädte (heute 2. - 9. Bezirk) und Vororte (heute 10.-19. Bezirk) eingemeindet. Die Zeit zwischen 1848 und 1918 bringt Wien eine starke Zuwanderung aus allen Teilen der Habsburgermonarchie, so daß die Bevölkerung von 440.000 auf 2,2 Millionen Einwohner anwächst. Die südlichen und westlichen ehemaligen Vororte erleben eine bedeutende Industrieansiedlung und werden zunehmend zu Arbeiterbezirken mit zahlreichen Elendsquartieren. Diesen sozialen und wirtschaftlichen Problemen stehen hervorragende Leistungen der Wiener Stadtverwaltung auf dem Gebiet von Versorgung, Modernisierung und Rationalisierung gegenüber. Sie machen Wien ebenso zur Weltstadt wie der künstlerische und wissenschaftliche Aufschwung, den die Stadt in jenen Jahrzehnten zu verzeichnen hat.

Mit dem Untergang des Habsburgerreiches 1918 wird Wien zur Hauptstadt eines in sich zerrissenen Kleinstaates. Es wird der ungeliebte «Wasserkopf» der neuen Republik – über ein Viertel der Einwohner Österreichs leben in Wien! Trotz aller inneren Krisen behält Wien aber seinen Rang als kultureller Mittelpunkt. Die vorbildlichen Leistungen der Gemeinde Wien, besonders auf dem Gebiet des sozialen Wohnungsbaus, erregen internationales Aufsehen.

War schon der Bürgerkrieg von 1934 für die Entwicklung Wiens nachteilig, so bringt das Jahr 1938 zwar eine enorme Vergrößerung (Groß-Wien), aber den Verlust der Stellung als Hauptstadt. Durch alliierte Bombardierung und als in den Apriltagen 1945 umkämpfte Stadt entstehen schwere Kriegsschäden. Bis 1955 in vier alliierte Zonen geteilt, die das öffentliche Leben u. a. durch Zensur und Aufsicht erschweren, gelingt der Wiederaufbau der schwergeprüften Stadt. Seit dem Staatsvertrag, der am 15. Mai 1955 im Oberen Belvedere unterzeichnet wurde, ist Wien die Hauptstadt der neutralen Bundesrepublik Österreich. In den lezten Jahrzehnten wurde erhöhtes Augenmerk auf die am nördlichen Ufer der Donau gelegenen Teile der Stadt (Floridsdorf; Donaustadt) gerichtet. Hier entstand auch die sogenannte UNO-City als Zentrum verschiedener Organisationen der Vereinten Nationen. Seit 1979 ist Wien neben New York und Genf dritte UNO-Stadt.

Georg Scheibelreiter

DIE HOFBURG

Die Hofburg hat im Laufe der Zeit nichts von ihrer Bedeutung eingebüßt und bewahrt z.T. heute noch jene politische und historische Größe, die sie seit dem Mittelalter innehat. Auf diese Epoche geht auch der ursprüngliche Kern der Hofburg, der heutige Schweizertrakt, zurück. Die Hofburg ist kein geschlossenes Bauwerk, sondern vielmehr ein Gebäudekomplex mit Plätzen, Höfen und Gärten.
Als Hauptresidenz der Habsburger über mehr als sieben Jahrhunderte hat die Hofburg viele Umbauten und Änderungen erfahren. Die umfangreichen Erweiterungen erstrecken sich über einen Zeitraum vom 16. Jh. bis zum Jahr 1913. Trotzdem bewahrt die Hofburg eine wunderbare Einheit, wenn schon nicht auf architektonischem, so zumindest auf historischem Gebiet.
Die beste Möglichkeit, in die Hofburg zu kommen, bietet sich vom Michaelerplatz, auf den der sogenannte **Michaelertrakt** blickt. Es war Kaiser Franz Josef, der Ferdinand Kirschner den Auftrag zum Bau einer neuen Fassade gab. Der Bau von Michaelertrakt und Reichskanzleitrakt wurde unter dem jüngeren Fischer v. Erlach begonnen. Der Michaelertrakt jedoch blieb unvollendet. Ferdinand Kirschner bearbeitete das frühere Projekt von Fischer v. Erlach neu und stellte das Gebäude zwischen 1889 und 1893 fertig. Im Halbkreis angelegt, mit einem hohen Sockel aus Buckelquadern und doppelten Lisenen, wird der Michaelertrakt an seinen Enden von zwei großartigen und ausdrucksvollen Brunnen geschmückt. Der linke Brunnen, der die *Herrschaft Österreichs auf dem Meer* darstellt, ist ein Werk von Rudolf Weyr aus dem Jahr 1895, während der rechte Brunnen (*Die Herrschaft zu Lande*) aus dem Jahr 1897 von Edmund Hellmer geschaffen wurde. Der leicht vorspringende Mittelteil der Fassade wird vollständig von einer großen Halle eingenommen, die von einer Kupferkuppel überdacht wird. An den Seiten der Nebeneingänge befinden sich Monumental-Skulpturen, während der Haupteingang von einem mächtigen Gitter aus Schmiedeeisen gekrönt wird. Durch diesen Eingang tritt man in den inneren Hof ein, der **In der Burg** genannt wird. Er ist in rechteckiger Form angelegt und gänzlich von Renaissance- und Barockgebäuden umgeben, die alle zur «Alten Burg» gehören.
In der Mitte des Platzes erhebt sich das *Denkmal von Kaiser Franz I.*, welches in den Jahren 1842 bis 1846 von dem Mailänder Pompeo Marchesi geschaffen worden ist. Auf dem Sockel des Denkmals befinden sich die Statuen des Friedens, der Stärke, des Glaubens und der Gerechtigkeit. Gegenüber dem Eingangstor befindet sich, gegen Süden hin, der **Leopoldinische Trakt**, der seinen Namen nach Kaiser Leopold I. erhielt, der ihn zwischen 1660 und 1670 erbauen ließ. Seine Säle, die im Hauptgeschoß offizielle Residenz des Bundespräsidenten sind, verdanken einen Großteil ihrer prunkvollen Ausstattung Maria Theresia. In einem dieser Räume war auch das Schlafzimmer der Kaiserin untergebracht. Noch heute kann man einen an der Zimmerdecke befestigten Haken sehen, der sich in der Höhe des Bettes befindet, mit einer Rolle, über die die Schnur lief, an der sich die alte Kaiserin anklammerte, um sich im Bett hochzuziehen. Der Geist von Maria Theresia ist noch überall spürbar, und nicht nur in diesem Gebäude. Ihre außergewöhnlich starke Persönlichkeit, die auf natürliche Weise die Wiener eroberte und

Der Michaelerplatz gegenüber der Hofburg.

Feldherren und Ratgeber ersten Ranges in ihren Bann zog, lebt noch in der Erinnerung der Bevölkerung fort, die sie bedenkenlos «Kaiserin» nennt. Dieser Titel stand ihr eigentlich nicht zu, wurde ihr jedoch, sobald ihr Gemahl Franz Stephan von Lothringen zum Kaiser gekrönt wurde, «verliehen». Vielleicht war die Kaiserkrönung Franz Stephans von Lothringen auch nur ein Versuch, ihn die Rolle des Prinzgemahles besser ertragen zu lassen. Nicht zu Unrecht fiel in einer Reportage der damaligen Zeit der Satz: «der Gemahl der Königin ist Kaiser geworden». Tatsächlich war Maria Theresia «nur» Erzherzogin von Österreich und Königin von Ungarn und Böhmen. Und dennoch waren ihre Fähigkeiten so hervorragend, daß dem Gemahl seine untergeordnete Rolle scheinbar nie zur Last fiel. Casanova schreibt in seinen Memoiren, «der Stadt Wien und seiner bigotten Herrscherin den Rücken gekehrt zu haben». In Wirklichkeit war Maria Theresia vor allem in ihrer Jugend alles andere als bigott. Die schwierige politische Lage zur Zeit, in der sie den Thron bestieg, und die Feinde, die sie bedrängten, um sich ihres Thrones zu bemächtigen, prägten sie sehr rasch. Dennoch verlor sie niemals ihre hervorragende Menschlichkeit. Als Beispiel sei ihr opferbereites Verhalten während der Blattern im Jahr 1763 erwähnt: Nachdem sie zwei ihrer Kinder verloren hatte, stand sie liebevoll ihrer Schwiegertochter bis zum Tod bei und riskierte sogar ihr Leben, als sie selbst angesteckt wurde.

Hofburg: Monumentaler Eingang am Michaelertrakt.

Hofburg: links der Brunnen mit der «Herrschaft Österreichs zur See»; rechts die «Herrschaft Österreichs zu Lande».

Auf den Leopoldinischen Trakt folgt, gegen Nordwesten hin, die kurze **Amalienburg**, die durch ein freundliches achteckiges Türmchen mit Kupferdach gekennzeichnet ist. Ihr Name kommt von der Kaiserin Amalia, der Gemahlin Josefs I., die dort während ihrer langen Witwenschaft (1711-1742) wohnte. Der Nordflügel, gegenüber dem Leopoldinischen Trakt, ist der sogenannte **Reichskanzleitrakt**, Werk des Fischer von Erlach, der diesen zwischen 1726 und 1730 im Auftrag Kaisers Karls VI. erbaute. Der Teil dieses Gebäudes, der auf die Schauflergasse blickt, stammt von Lukas von Hildebrandt (1723). Der Reichskanzleitrakt wurde dazu verwendet, bei Bedarf Vertreter ausländischer Mächte oder berühmte Gäste des Kaisers zu beherbergen. Ab dem Jahr 1806 wurde dann die Kanzlei hier untergebracht, von der der gesamte Trakt auch seinen Namen erhielt. Die Säle, die heute dem Publikum zugänglich sind, befinden sich in diesem Trakt der Hofburg. Von den Räumen, die alle von großem Interesse sind, verdient das *Schlafzimmer von Kaiser Franz Josef* besonderes Augenmerk. Mit seinem ganz einfachen Bett ist es ein Zeugnis der spartanischen Lebensführung des Herrschers. In seinem *Arbeitszimmer* ist der Schreibtisch bemerkenswert, über den buchstäblich alle Probleme der Monarchie «wanderten». In den Wohnräumen der Kaiserin Elisabeth verdient das Toilettezimmer mit den Sportgeräten Beachtung. Die Geräte wurden täglich für die Pflege ihres makellosen

Hofburg: Denkmal für Franz I.

Hofburg: Innenhof «In der Burg».

Hofburg: farbiger Gedenkstein mit den Initialen Ferdinands I.

Hofburg: das Schweizertor.

Körpers verwendet. Ferner ist das sogenannte *Rote Zimmer* sehenswert, das zur Gänze im Stil des Rokoko eingerichtet ist (die *Gobelins*, ein Geschenk Marie Antoinettes, sind nach Entwürfen von François Boucher angefertigt worden) und als Empfangssaal für Zar Alexander I. beim Wiener Kongreß diente. Im *Speisesaal* ist stets für ein Familienmahl gedeckt, und zwar nach den Regeln der spanischen Etikette, die Franz Josef beachtet wissen wollte.

Der Geist dieses vorletzten österreichischen Herrschers ist auch noch heute deutlich an vielen Orten und in vielen Wiener Lebensgewohnheiten spürbar. Der österreichische Dichter Alexander Lernet-Holenia erzählte einmal, daß, als am Ende des 13. Jahrhunderts der erste Habsburgerherrscher nach Wien kam, die Wiener ausriefen: «Sie werden nicht bleiben». Sie sind aber bis 1918 geblieben, schließt der Dichter. Mehr als sechshundert Jahre Habsburgerherrschaft, die die Geschicke Europas mitbestimmten: 636 Regierungsjahre im Mittelpunkt der europäischen Geschichte. Die Herrschaft von Franz Josef ist eine der längsten der Geschichte und in Europa die zweitlängste nach der Ludwigs XIV.: der österreichische Kaiser regierte gut 68 Jahre, von 1848 bis 1916. Und dennoch fiel unter seine Regierungszeit der langsame Zerfall der Monarchie und seiner Dynastie. Er selbst sah wohl dieses unvermeidbare Ende, konnte es aber nicht verhindern, sondern nur machtlos mitansehen. Und nicht nur das: auch schwere Niederlagen, wie die des Jahres 1859 gegen Piemont, das mit Frankreich alliiert war, oder 1866 gegen Preußen, fielen in seine Regierungszeit. Ganz zu schweigen vom Ersten Weltkrieg, dessen Ende, wenn auch nicht vom Kaiser persönlich miterlebt, leicht vorauszuahnen war. Als Franz Josef in der Augustinerkirche die blutjunge und sehr hübsche «Sissi» (wie Elisabeth volkstümlich genannt wurde) heiratete, hatte niemand vorhersagen können, wie dramatisch und schmerzhaft das Leben dieser Herrscher werden sollte.

Die Hochzeit wurde von zwei bösen Vorzeichen überschattet: der Säbel von Franz Josef kam zu Fall, nachdem sich der Schulterriemen plötzlich gelockert hatte, und das Diadem von Kaiserin Elisabeth war einen kurzen Augenblick in der Kutsche eingeklemmt, als die Neuvermählte im Begriff war auszusteigen. Diese zwei Episoden ließen Prophezeiungen aufkommen, daß der Kaiser Säbel und

Hofburg: Schlafzimmer Kaiser Franz Josefs (oben) und das Boudoir der Kaiserin Elisabeth (unten). ▶

Folgende Seiten
Hofburg: Franz Josef und Elisabeth, gemalt von Franz Winterhalter (1865). Beide Gemälde befinden sich im «Großen Salon».

Hofburg: der Rote Salon.

Hofburg: Speisesaal. ▶

Macht verlieren und Elisabeth eine Dornenkrone, voll Trauer und Leid, tragen werde. Vermutungen, die sich später bewahrheitet haben. Ferdinand Maximilian, der Bruder des Kaisers, wird in Mexiko erschossen, der Sohn und Thronfolger Rudolf wird sich in Mayerling mit Mary Vetsera unter mysteriösen Umständen das Leben nehmen, und der andere Thronfolger, Erzherzog Franz Ferdinand, wird gemeinsam mit der Gemahlin Sophie von Chotek in Sarajewo ermordet werden, und sein Tod wird den Ersten Weltkrieg auslösen. Franz Josef wird auch die Gemahlin überleben, die von einem Anarchisten in Genf ermordet wird. Sie ist schon lange Zeit dem Gemahl und dem Reich fern, immer unruhig und auf der Reise durch Europa, als wollte sie ihrem grausamen Schicksal entfliehen. Der Platz wird gegen Osten vom **Schweizerhof** abgeschlossen, der seinen Namen von der schweizerischen kaiserlichen Leibgarde erhielt. Dieser Gebäudekomplex ist der älteste Teil der Hofburg, von dem schon Aufzeichnungen aus dem Jahr 1279 bestehen. Er entspricht in der Tat der mittelalterlichen Burg, die vier Ecktürme besaß, die im 18. Jh. noch standen. Friedrich III. begann um 1479 die Burg umzubauen und zu verschönern, und Ferdinand I. verlegte um 1530 seine Residenz hierher. Seitdem und bis zum letzten Jahrhundert erfuhr sie immer neue Veränderungen. In den Schweizerhof gelangt man durch ein wunderschönes Renaissanceportal (Schweizertor), wahrscheinlich ein Werk des Architekten Ferrabosco, mit vielfarbigen Wappen. Die Inschrift über dem Portal aus dem Jahr 1552 erinnert an Kaiser Ferdinand I., der mit der Erneuerung des Schlosses begonnen hatte. Auch dieser Teil der Hofburg war bis zum 19. Jh. die Residenz für die Persönlichkeiten der kaiserlichen Familie. Der letzte Bewohner war Kronprinz Rudolf, der im Flügel mit der Säulenstiege wohnte. Auf der Fassade links vom Schweizertor eine schöne farbige Gedenktafel (1536) mit zwei Greifen, die die Insignien Leopolds I. halten.

DIE SCHATZKAMMER

Vom Schweizerhof gelangt man über einen Eingang, der sich unter dem Treppenaufgang zur Burgkapelle befindet, zur Schatzkammer. Die Sammlung enthält Stücke von unschätzbarem historischem und künstlerischem Wert, darunter alle Insignien des Heiligen Römischen Reiches und der österreichisch-ungarischen Monarchie, und ist glücklicherweise seit dem Mittelalter unverändert geblieben. Es gibt hier Juwelensammlungen des Ordens vom Goldenen Vlies oder der Herzöge von Burgund, die durch die Heirat von Erzherzog Maximilian I. mit Maria von Burgund an die Habsburger übergegangen sind, und man findet dort die *Wiege des Königs von Rom*, des Sohnes Napoleons I. Man bewahrt hier auch *Taufschüssel* und *Kanne* auf, die bei Taufen von Kindern des Kaiserhauses verwendet wurden. Es handelt sich dabei um wertvolle italienische Werke aus dem Jahr 1571 aus massivem Gold.
Unter den zahlreichen wertvollen Gegenständen befindet sich auch der *goldbestickte Schleppmantel*, den Kaiser Franz I. 1830 bei der Krönungszeremonie des Sohnes Ferdinand zum König von Ungarn trug. Dieser Mantel gehörte zu den wertvollsten Symbolen des erblichen Kaisertums von Österreich, das 1804 von Franz II. ausgerufen wurde (der bei dieser Gelegenheit seinen Namen in Franz I. umänderte), während das Heilige Römische Reich von den napoleonischen Truppen vernichtet wurde. Das absolute Glanzstück der Schatzkammer ist die *Krone des Heiligen Römischen Reiches*, die über 1000 Jahre die Souveränität der deutschen Herrscher in Europa bezeugte. Sie besteht aus Gold, Email und Edelsteinen und wurde auf der Bodenseeinsel Reichenau für die Krönung Ottos I. in Rom (962) hergestellt. Seit damals bis 1602 trugen sie

Schatzkammer: Krone des Heiligen Römischen Reiches.

Schatzkammer: Kaiserkrone Rudolfs II.

Schatzkammer: Mantel Kaiser Franz' I. ▸

Blick auf die Michaelerkirche.

Michaelerkirche: Innenraum.

alle Kaiser des Heiligen Römischen Reiches auf ihren Häuptern, dann aber ließ Rudolf II., von seinem aus Antwerpen stammenden Goldschmied und Hofjuwelier, in Prag eine neue Kaiserkrone anfertigen und die ältere wurde nur noch bei der Krönungszeremonie verwendet.
Ganz mit Diamanten, Rubinen und Perlen besetzt, als Spitze ein Saphir, erinnert diese Krone in ihrer Form an die des Mittelalters, wie sie oft auf Bildern und Fresken abgebildet ist. Die vier goldgetriebenen Flachreliefs zeigen Rudolf als Feldherrn und bei seinen drei Krönungen in Frankfurt, Preßburg und Prag. Man darf nämlich nicht vergessen, daß die österreichischen Herrscher damals auch Kaiser des Heiligen Römischen Reiches, Könige von Böhmen und Könige von Ungarn waren. Auf der Abbildung kann man erkennen, wie Rudolf in Frankfurt die Krone des deutschen Kaisers empfängt.

DIE MICHAELERKIRCHE

Die mächtige Hofburg bildet den Hintergrund des kleinen schmucken Michaelerplatzes. In Wien trifft man häufig auf große Stilkontraste. Oft findet man großartige Bauanlagen im imperialen Stil neben bescheidenen bürgerlichen Bauten. Dies ist z. T. auch am Michaelerplatz der Fall, auf dem sich die Michaelerkirche befindet, deren Ursprünge in das 13. Jh. zurückgehen. Auch wenn sie mehrmals umgebaut wurde, bewahrt sie vom ursprünglichen Stil den Chor und den schlanken achteckigen Glockenturm mit schöner fialenartiger Turmspitze. Die Vorderfront aus dem 18. Jh. besitzt eine säulengeschmückte Vorhalle mit einer Darstellung des *heiligen Michael* von Lorenzo Mattielli aus dem Jahr 1725. Das **Innere**, obwohl es seine ursprüngliche gotische Struktur erhalten hat (es besitzt drei Schiffe, die auf Pfeilern in verschie-

denen Stilen ruhen, und hohe Gewölbe mit dicken Gewölberippen), war oft Gegenstand gewagter Umbauten, besonders am Chor, wo die Verzierungen fast die architektonische Struktur der Kirche verändern. Der *Hochaltar*, der als letztes Werk des Wiener Barock angesehen werden kann, wurde 1781 von J. B. d'Avrange erbaut, der für die Ausschmückung Evangelisten und Kerzenleuchter tragende Engel von Joh. M. Fischer verwendete. Die Umbauten am Chor gehen auf die zweite Hälfte des 18. Jhs. zurück, als M. Unterberger den *Engelssturz* schuf. Das Werk ist eine faszinierende Komposition aus Wolken und Körpern in Stuck und Alabaster. Es befand sich früher am Hochaltar und ist jetzt im rechten Querschiff.

Michaelerkirche: Hochaltar.

KALVARIENBERG

Auf der rechten Seite der Kirche, zu der ein überdachter Durchgang des alten Michaelerhauses führt, finden wir ein großes farbiges Relief aus spätgotischer Epoche, das den Ölberg darstellt und das der Notar und Kanzler Hans Hueber 1494 der Kirche stiftete. Wir sehen im Vordergrund Christus im Gebet auf dem Ölberg und im Hintergrund andere Darstellungen der Leidensgeschichte, die mit der Kreuzigung enden. Eine beeindruckende und dramatische Komposition, die die Wiedergabe der Passion großer deutscher Künstler des 15. Jhs., unter anderen auch von Albrecht Dürer, ins Gedächtnis ruft.

Stallburggasse.

Christus am Ölberg, Relief an der Außenwand der Michaelerkirche.

STALLBURGGASSE

Der Glockenturm der Michaelerkirche überragt eine Vielfalt malerischer Bauten. Die zahlreichen Veränderungen, die eine so alte Stadt wie Wien im Lauf der Jahrhunderte erfahren hat, haben diese Ausblicke entstehen lassen. Antiquitätengeschäfte, Werkstätten und das Leben und Treiben, das sich in diesen alten Straßen abspielt, verleihen solchen Bildern ihre Echtheit. Man könnte sonst meinen, einen verblichenen Öldruck vor sich zu haben.

Der Hof der Stallburg.

STALLBURG

Gerade gegenüber der berühmten Spanischen Reitschule, in der Reitschulgasse, liegt die Stallburg, eines der bedeutendsten Beispiele der Architektur aus der Renaissance in Wien. Ferdinand I. hatte das Gebäude für den Thronfolger, Kaiser Maximilian II., an der Stelle des ehemaligen Babenbergplatzes zwischen 1558 und 1565 erbauen lassen. Es stand ursprünglich getrennt von der Hofburg und hat einen fast quadratischen Grundriß, die Außenfassade streng und ohne Dekorationen, wie es die klassische Renaissance wollte. Der Innenhof hingegen bietet eine erfreuliche Überraschung: drei Reihen herrlicher offener Arkaden, die den schönsten Innenhöfen des italienischen 15. Jahrhunderts sehr nahekommen. Nach seiner Krönung siedelte Maximilian II. in die Hofburg über. Seine frühere Residenz wurde zur Hofreitschule und blieb es bis 1725, als sie in das neue Gebäude am Messeplatz verlegt wurde. Dieser Bau wurde nach Plänen von Johann Bernhard Fischer v. Erlach durch seinen Sohn Joseph Emanuel errichtet. Heute ist er Sitz der Wiener Messen. In der Stallburg blieben nur die besten Pferde der Spanischen Reitschule. In der Stallburg war in den oberen Geschossen schon von 1721-1778 die kaiserliche Gemälde-Sammlung untergebracht, heute findet der Besucher hier ein höchst interessantes Museum: die Neue Galerie, die mit dem Kunsthistorischen Museum verbunden ist. Es sind dort Werke von Goya, Manet, Renoir, Toulouse-Lautrec, Degas, Cézanne, Picasso u. a. ausgestellt.

DER JOSEFSPLATZ

Im Lauf der Jahrhunderte wurde der Platz mehrfach verwendet: zuerst als Friedhof der Augustiner, dann als Reitschule und später, unter Ferdinand I., als Park. Im Rahmen der Fertigstellung der Hofburg ließ Kaiser Karl VI. an dieser Stelle die Hofbibliothek erbauen, und der Platz bekam den Namen Bibliotheksplatz. Josef II. öffnete dann, nach Abtragung einer Mauer, den Platz der Allgemeinheit, und im Jahr 1807, nach Errichtung einer *Reiterstatue Josefs II.*, ein Werk von Franz Anton Zauner, erhielt der Platz seinen heutigen Namen.
Der Platz ist schön und einheitlich von Gebäuden aus dem 18. Jh. umgeben. Das wichtigste ist die frühere Hofbibliothek und heutige **Nationalbibliothek**, die von Johann Bernhard Fischer von Erlach entworfen und von seinem Sohn Joseph Emanuel von 1723 bis 1726 fertiggestellt wurde. Die Attikaplastiken sind ein Werk von Mattielli.
Im Inneren ist besonders der *Prunksaal* eindrucksvoll, der auf zwei Stockwerken die gesamte Längsseite des Gebäudes einnimmt. Der Raum, der einen zentralen Rundbau besitzt, von dem zwei lange Seitenarme ausgehen, ist reich mit Allegorien geschmückt, die den Ruhm des Hauses Habsburg preisen. In der Mitte des Rundbaues, unter der von Daniel Gran mit Fresken ausgestatteten Kuppel mit einer *Apotheose Karls VI.*, befindet sich eine Statue desselben Herrschers in römischen Gewändern. Weitere 8 Kaiserstatuen, Werke von Paul und Peter Strudel, sind zwischen den Säulen, die den Raum unterteilen, aufgestellt.

Der Josefsplatz.

Nationalbibliothek: Prunksaal. ▶

DIE SPANISCHE HOFREITSCHULE

Wie sehr die Habsburger die Pferde liebten, ist allgemein bekannt. Als im Jahre 1909 der englische König Eduard VII. zu Franz Josef auf Besuch kam und stolz das eigene Auto zeigte, ließ sich der österreichische Kaiser vom neuen Fortbewegungsmittel nicht überzeugen und zog weiterhin sein Pferd Florian vor.
Schon im Jahr 1580 hatte Erzherzog Karl II. von Innerösterreich die Idee gehabt, ein Gestüt in Lipizza, einem Dorf im Karst bei Triest, zu gründen. Hier sollte eine Kreuzung von arabischen Hengsten mit andalusischen Stuten gezüchtet werden. Nach dem Fall der österreichisch-ungarischen Monarchie kam Lipizza an Italien, und das Gestüt übersiedelte nach Piber bei Graz.
Hier züchtete man und züchtet auch noch heute jene Pferde, die Lipizzaner genannt werden. Ihre Farbe ist vorwiegend weiß, ihr Körperbau kräftig, ihre Sehnen sind wie aus Stahl, und ihr Temperament ist lebhaft.
Die Idee einer Reitschule in Wien geht auf das Jahr 1572 zurück, als zu diesem Zweck ein Holzgebäude errichtet wurde, das den Namen «Spanische Reitschule» erhielt. Zu jener Zeit gab es nur Pferde spanischer Herkunft, heute hingegen nur solche aus Lipizza bzw. Piber.
Eine kaiserliche Verordnung aus dem Jahr 1681 bestimmte den Bau einer Reitschule, und so wurde im Herzen von Wien, in der Hofburg, 1729 mit dem Bau der *Winterreitschule* begonnen, der am 14. September 1735 abgeschlossen wurde. Der Entwurf des Gebäudes stammt von Joseph Emanuel Fischer von Erlach: ein großer weißer Saal mit viel Licht, mit 2 Galerien, die von 46 korinthischen Säulen getrennt werden, und einer kassettierten Decke, die mit Stukkaturen verziert ist. Der Saal wurde als Mehrzweckraum konzipiert, und man hielt hier Turniere, Ehrungen, Feste und Festessen ab. Bei dieser Gelegenheit sei auf das Festmahl anläßlich des Eheabschlusses durch Prokura zwischen Napoleon und Marie Louise und die Ballveranstaltungen während des Wiener Kongresses hingewiesen. Auf der Wand gegenüber dem Eingang, befindet sich ein großes Bildnis von Karl VI. zu Pferd. In diesem einzigartigen Rahmen sind die Pferde die wahren Hauptfiguren. Bei Musikbegleitung führen die Lipizzaner sehr schwierige Übungen aus, wie die «Levade», «Kapriole», und «Courbette», und werden von ebenso tüchtigen Reitern geritten.

Zwei Figuren der Hohen Reitschule: «Piaffe» (links) und «Levade» (rechts).

DIE AUGUSTINER-KIRCHE

Leider haben die zahlreichen Restaurierungen den ursprünglich gotischen Charakter dieser Kirche verändert. Die Kirche war lange Zeit hindurch Hofpfarrkirche, in der zahlreiche Zeremonien stattgefunden haben. Sie wurde zwischen 1330 und 1339 nach einem Entwurf von Dietrich Ladtner von Pirn als Kirche des Augustinerklosters erbaut und war Gegenstand mehrerer Überlagerungen von Kunstrichtungen, so daß sie am Ende des 18. Jhs. wenig mit dem einfachen Geist eines Bettelordens zu tun hatte. Durch einen Umbau von Ferdinand von Hohenberg in den Jahren 1784/85 entblößte man die Kirche ihrer barocken Verzierungen und gab ihr, zumindest zum Teil, ihre ursprüngliche Einfachheit zurück.
Unter den zahlreichen Zeremonien, die in der Kirche stattfanden (abgesehen von den vielen Begräbnisfeierlichkeiten, darunter auch jene für Franz Josef), ist auf die prunkvolle Hochzeit von Maria Theresia mit Franz Stephan von Lothringen im Jahr 1736 hinzuweisen. Ferner fanden hier die folgenden Eheschließungen statt: die Hochzeit durch Prokura von Marie Antoinette und Ludwig XVI. im Jahr 1770, von Marie Louise und Napoleon durch Prokura vom Exfeind Erzherzog Karl (1810), von Franz Josef und der jungen Elisabeth von Wittelsbach (1854) und jene von Kronprinz Rudolf mit Stefanie von Belgien im Jahr 1881.
Wichtigstes Denkmal der Kirche ist das *Grab der Erzherzogin Maria Christina*, der Frau Herzog Albrechts von Sachsen-Teschen und Tochter Maria Theresias, das Antonio Canova zwischen 1798 und 1805 errichtet hat. Neben der Kirche wurde im Jahr 1634 die Herzgruft erbaut, die in 54 Urnen ebensoviele Herzen von Persönlichkeiten aus dem Kaiserhaus birgt.

Augustinerkirche: Innenraum.

Augustinerkirche: das Grab der Erzherzogin Maria Christina von Sachsen-Teschen von Antonio Canova.

DIE ALBERTINA

Auf der gegenüber der Oper gelegenen ehemaligen Bastei befindet sich das Gebäude der Albertina, welche eine in der ganzen Welt einzigartige graphische Sammlung besitzt (vom Mittelalter bis heute). Tausende von Aquarellen, Stichen und Zeichnungen zählen zum Bestand dieser berühmten «Graphischen Sammlung». Fast vollständig sind hier die Zeichnungen Albrecht Dürers vorhanden. Das Gebäude geht auf das Jahr 1781 zurück, wurde aber von 1801 bis 1804 von Louis von Montoyer für den Herzog Albert von Sachsen-Teschen, Schwiegersohn von Maria Theresia, erweitert. Das Gebäude trägt seinen Namen. Die von ihm erworbenen graphischen Blätter bilden den Grundstock der weltberühmten Sammlung. Auf der Terrasse befindet sich das Reiterstandbild eines anderen Albrecht: des Erzherzogs und Siegers über die italienischen Truppen bei Custozza während des 3. Unabhängigkeitskrieges und eigentlich letzten großen Feldherrn aus der Dynastie der Habsburger. Unter der Terrasse befindet sich der neubarocke *Danubius-Brunnen* aus dem Jahr 1869 von Moritz von Löhr mit allegorischen Statuen von Johann Meixner, darunter jene, die den Donaustrom mit der Schutzherrin Vindobona darstellt.

DER NEUE MARKT

Der Platz «Neuer Markt», früher Mehlmarkt genannt, ist einer der ältesten Wiens und geht auf das 12. Jh. zurück.
Der Platz ist von eleganten Häusern von typisch bürgerlichem Aussehen umgeben. Ein Haus aus der Mitte des 17. Jahrhunderts besitzt eine besonders schöne Fassade, leider wurde es jedoch infolge von Kriegsschäden umgebaut.
In der Mitte des Platzes befindet sich der angeblich schönste Brunnen der Stadt, der Donner-Brunnen oder «Providentia-Brunnen».
Er wurde 1739 von Georg Raphael Donner geschaffen. Im Lauf der Restaurierungsarbeiten von 1873 wurden die Bleiskulpturen durch solche aus Bronze ersetzt. Die Originale befinden sich im Barockmuseum im Unteren Belvedere.
In der Mitte spielen 4 Putten am Sockel, auf dem die Statue der Providentia thront, und entlang des Beckenrandes befinden sich die allegorischen Darstellungen der vier Donauzuflüsse: Enns, March, Traun und Ybbs.
Obwohl die Figuren zeitlich noch dem Barock angehören, findet man in ihnen Züge meisterhafter Eleganz, die schon neuklassizistische Einflüsse aufweisen.

◂ *Albertina: ein Stich von Albrecht Dürer.*

◂ *Danubius-Brunnen mit Reiterdenkmal Erzherzog Albrechts.*

◂ *Denkmal für die Opfer des Nationalsozialismus.*

Neuer Markt.

Der Donner-Brunnen.

DIE KAISERGRUFT

In die Kaisergruft einzutreten bedeutet, drei Jahrhunderte Geschichte zu durchwandern. Sie befindet sich unter der Kapuzinerkirche und enthält 144 Särge von Persönlichkeiten aus dem Hause Habsburg, darunter 12 Kaiser und 16 Kaiserinnen.

Die weitläufige Krypta besteht aus mehreren Räumen, die mit der Zeit erweitert wurden und zwischen 1622/23 und 1909 entstanden sind. In der alten Krypta befindet sich das Grab Leopolds I., jenes von Josef I. und das sehr eindrucksvolle von Karl VI., welches von Balthasar Ferdinand Moll entworfen wurde und mit einer schönen Skulptur von Johann Nikolaus Moll geschmückt ist, die das *schmerzerfüllte Österreich* darstellt.

Von B. F. Moll ist auch der mächtige doppelte Zinnsarkophag, der die sterblichen Überreste von Maria Theresia und ihrem Gemahl Franz I. von Lothringen enthält.

Die beiden Ehegatten liegen nebeneinander auf dem Sarkophag, an den Ecken die Kronen des Heiligen Römischen Reiches, Böhmens, Ungarns und die Krone von Jerusalem.

Der Sarkophag wurde 1753 angefertigt, als das kaiserliche Paar noch lebte. Maria Theresia verbrachte viele Nächte neben diesem Sarkophag, der die sterblichen Überreste ihres Ehegatten enthielt. Nur wenige Frauen hätten den Mut gehabt, in dieser Krypta zu verweilen, die mit Fackeln nur schwach erleuchtet war und voller Särge stand. Die Kaiserin aber verspürte nur den Schmerz um den Verlust des Mannes, den sie aufrichtig geliebt hatte.

In der neuen Krypta finden wir auch die Särge von Franz I. und Marie Louise, der zweiten Frau Napoleons, Kaiserin von Frankreich und Herzogin von Parma.

Hier liegen auch, dicht nebeneinander in einer tragischen Symbolik, die Gräber von Franz Josef, der 1916 gestorben war, und seiner Frau Elisabeth, die 1898 in Genf von dem Anarchisten Lucheni ermordet worden war, außerdem eines ihrer Kinder, Rudolf, der Thronerbe, der 1889 in Mayerling Selbstmord begangen hatte.

Unter all diesen hohen Persönlichkeiten ruht ein nicht gekröntes Haupt: das der Gräfin Fuchs, der Gouvernante Maria Theresias. Es war ein Wunsch der Kaiserin gewesen, daß ihre treue Freundin nicht weit entfernt von ihrer Herrin ruhen könne.

Kapuzinerkirche.

Kaisergruft. Sarkophag von Franz Josef, daneben die Sarkophage von Elisabeth (links) und Rudolf (rechts).

Kaisergruft: der Doppelsarkophag mit den sterblichen Überresten von Maria Theresia und Franz Stephan von Lothringen. ▶

KAISER
FRANZ STEPHAN
1708-1765
KAISERIN
MARIA THERESIA
1717-1780
KAISER JOSEPH II. 1741-1790
Stiftung
Theresianische

Die Kärntnerstraße.

Das Haashaus von Hans Hollein.

DIE KÄRNTNER-STRASSE

Sie stellt seit dem Mittelalter den Hauptverbindungsweg nach Süden dar: er führt über den Semmering nach Kärnten und von dort zum Adriatischen Meer. Das verlieh jenem Teil der «Inneren Stadt» einen stark kommerziellen Charakter als Ankunftsplatz für Waren aus dem Süden. Die Kärntnerstraße ist seit dem Jahr 1974 für den Autoverkehr gesperrt und stellt mit dem Graben und dem Stephansplatz eine weitläufige Fußgängerzone dar, die besonders am Abend belebt ist, wenn sie in vollem Lichterglanz erstrahlt. Hier befinden sich elegante Geschäfte und berühmte Modesalons, Banken und Handelsniederlassungen. Ein besonderer historischer «Leckerbissen» ist der «Stock im Eisen», in einer Nische an der Ecke Kärntnerstraße/Graben. Im sogenannten «Stock im Eisen» sind Hunderte Nägel eingeschlagen. Im 16. Jh. war es Brauch, daß jeder Schmied, der in Wien sein Handwerk erlernte, bei seiner Abreise aus der Stadt einen Nagel in den Baumstamm schlug.

DER STEPHANSDOM

Im Herzen des alten barocken Wien erhebt sich das bedeutendste gotische Juwel der Stadt und die zweifellos schönste Kirche aus dieser Zeit in ganz Österreich: der Stephansdom. Der Überlieferung nach ist die Kirche als Pfarre der Diözese Passau im Jahre 1147 geweiht worden; sie befand sich damals außerhalb der Stadtmauern. Das mittelalterliche Stadtzentrum war am Platz «Am Hof», wo die Babenberger ihre Residenz erbaut hatten. Von der ursprünglich romanischen Kirche, die im 13. Jh. neu- und umgebaut wurde, ist heute nur die Westfront erhalten. Sie hat eine strenge Linienführung. In ihrer Mitte befindet sich das um 1237 umgestaltete berühmte Portal, welches den Namen *Riesentor* trägt. Im Zentrum des Portals erscheint der thronende Christus in der Mandorla als Weltenherrscher und Weltenrichter, darunter, links und rechts, die Schar der Apostel mit Büchern und Schriftrollen. In der Zone über den Knospenkapitellen wird in verschiedenen Reliefs die Bedrohung des Menschen durch dämonische Kräfte dargestellt.
Der Name des Tores beruht auf einer seltsamen Legende. Beim Aushub der Fundamente des Portals war man auf einen riesigen Mammutknochen gestoßen, den man vom Architrav herabhängen ließ. Es soll das Bein eines Urtieres gewesen sein, welches bei der Sintflut umgekommen ist. Zwei mehreckige Türme mit Einzelbogenfenstern, die «Heidentürme» genannt werden, schließen die romanische Vorderfront ab, die in vollkommener Harmonie zur Gotik der übrigen Kirche steht. Am Kopfteil des Querschiffes erhebt sich der große Südturm, der im Jahr 1433 unter der Leitung von Hans von Prachatitz fertiggestellt wurde. Der Turm, mit einer Höhe von 137 m, ist schlank und doch von mächtigem Aussehen. Er ist ein typisches Beispiel österreichischer Gotik und

Der Stephansdom. ▶

Stephansdom: Capistrankanzel.

Stephansdom: Segnender Christus, Detail am Riesentor.

Stephansdom: Rudolf IV. mit Wappenträger, Detail am Singertor.

Stephansdom: Innenansicht. ▶

hat seinen festen Platz im Wiener Stadtbild. Die Wiener nennen ihn zärtlich «Steffl». Beim Kampf um Wien wurde am 11. April 1945 das steile Dach der Kirche teilweise zerstört. Durch Funkenflug von Bränden in der Umgebung fing der Dachstuhl Feuer, das auch den Turm bedrohte. Doch wie durch ein Wunder trotzte der «Steffl» allen Gefahren. Die wunderbaren hölzernen Balken des Dachstuhls und das phantasiereiche vielfarbig gedeckte Dach fielen den Flammen zum Opfer. Im Fischschuppenmuster gestaltet, zeigte es einen riesigen Adler mit zwei Köpfen, der seine Flügel entfaltet. Die barocke Orgel mit 90 Registern und die geschnitzten Stühle des gotischen Chores überlebten den Artilleriebeschuß ebenfalls nicht. Auch die «Pummerin», die über 20 Tonnen schwere Glocke, die

Selbstporträt Anton Pilgrams am Sockel der Kanzel.

Die Dienstboten-Madonna.

Selbstporträt von Meister Anton Pilgram am Orgelfuß im linken Seitenschiff.

Stephansdom: die reichverzierte Kanzel. In den Reliefeldern Büsten von Kirchenlehrern: Hieronymus (links), Ambrosius (rechts). ▶

1711 von Achamer aus dem Metall von Türkenkanonen gegossen wurde, stürzte vom hohen Turm und zerschellte. Die «Pummerin» war die größte Glocke des Landes und Symbol des österreichischen Widerstandes gegen die Türken, daher wollte man sie aus den Resten der alten Glocke wiedergießen, was auch gelang. Die Restaurierungsarbeiten der gesamten Kathedrale wurden im Jahr 1952 beendet. Die neue Glocke, die in St. Florian bei Linz gegossen wurde, ist dann im Triumphzug (25.-27. April 1952) unter großer Anteilnahme der Bevölkerung nach Wien geführt und am 3. Oktober 1957 im Nordturm installiert worden. Dieser zweite Turm, der aber unvollendet blieb, wurde um das Jahr 1450 vom Architekten Puchsbaum begonnen, der beabsichtigte, zwei gleich hohe Zwillingstürme zu bauen. Die Arbeiten an dem zweiten Turm zogen sich bis in das Jahr 1511 hin, als sie dann endgültig unterbrochen wurden. Als Grund dafür kann man die Türkengefahr annehmen, die die Wiener zwang, ihre

Stephansdom: Wiener Neustädter Altar im Frauenchor. Feiertagsseite bei geöffnetem Schrein.

◂ *Stephansdom: Tirna-Kapelle. Das Kruzifix stammt aus dem 15. Jh., die umrahmende Freskobemalung schuf Johann Ender (1853).*

Energien und Finanzen anderswo zu investieren. Bei einem Rundgang um die Kirche, ausgehend von der rechten Seite, stößt man auf das Grab des Dichters Neidhart Fuchs mit schönem Baldachin und kommt dann zum *Singertor*, einem kunsthistorisch einmaligen, durch einen Vorbau geschützten Portal, in dessen Tympanon Szenen aus dem Leben des hl. Paulus in einer ungemein ausdrucksstarken plastischen Darstellung zu sehen sind. Seinerzeit wurde es ausschließlich von Männern benutzt. Dem Singertor gegenüberliegend befand sich auf der anderen Seite des Domes das von den Frauen benutzte Bischofstor. Auch heute noch wird der nordseitig gelegene Chor Frauenchor genannt. Nach der Apsis kommt man zur *Capistrankanzel* aus dem Jahr 1430, über der sich ein barockes Hochrelief

aus dem Jahr 1737 befindet, das die Verherrlichung des Predigers darstellt. Von dieser Kanzel predigte im Jahr 1451 San Giovanni da Capistrano, ein Mönch aus dem Franziskanerorden, für einen Kreuzzug gegen die Türken.

Das **Innere** besteht aus drei schlanken Schiffen, die von Bündelpfeilern unterteilt und 100 m lang sind, ferner aus einem Querschiff und einem Chor, der dreischiffig und mit einer Apsis versehen ist. Zahlreiche Kunstwerke, vor allem barocke, schmücken die gotische Anlage der Kirche. Wie es häufig in Kirchen, deren Ursprung in eine frühe Stilepoche fällt, üblich ist, kam es auch im Stephansdom zu einer Anhäufung von Kunstwerken verschiedener Generationen, deren Ziel es war, das Gotteshaus immer schöner zu gestalten. Fassen wir nun die wichtigsten ins Auge. Vom historischen Gesichtspunkt aus interessant ist die Kreuz- oder Tirnakapelle, die nach einer adeligen Familie aus der Zeit Herzog Rudolfs IV. so benannt worden war. Letzterer wird als einer der Gründer der Kirche angesehen, weil er 1359 begonnen hatte, den gotischen Um- bzw. Neubau des Domes einzuleiten. Die Kapelle liegt gleich am Anfang des linken Seitenschiffs und ist durch ein schmiedeeisernes Gitter verschlossen, das von den Insignien der Savoyer und der Liechtensteiner umrahmt und vom Orden des Goldenen Vlieses gekrönt ist. In dieser Kapelle liegen die sterblichen Reste des größten Heerführers und Staatsmanns, der im Dienste der habsburgischen Monarchie gestanden hatte, Prinz Eugen von Savoyen. Der Prinz ruht in einem Sarkophag, der von allegorischen Figuren und den Wahrzeichen der Familie in vergoldeter Bronze überragt ist. Eine Seite des Grabmals schmückt ein Bronzerelief, das den Prinzen Eugen bei einer Schlacht gegen die Türken darstellt, ein Werk von Joseph Wurschbauer. Eugen Franz von Savoyen Carignano, am 18. Oktober 1663 in Paris geboren, war Sohn der Olympia Mancini, einer Nichte des Kardinals Mazarin und Jugendgespielin von Ludwig XIV., und des Eugen Moritz von Savoyen. Er hatte eine schwierige Jugend gehabt, sein Vater

Stephansdom: Oexl-Baldachin mit dem Gnadenbild Maria Pötsch.

Stephansdom: Baldachin von Hans Puchsbaum.

war frühzeitig verstorben, seine Mutter in Ungnade gefallen, und so bot er während einer Audienz dem Sonnenkönig seine Dienste beim Heer an. Als Antwort erhielt er eine ironische Ablehnung und flüchtete nach Wien, wo er in die Dienste Leopolds I. trat. Er erreichte sehr bald eine ansehnliche Stellung bei Hof, und seine Rolle als Staatsmann gewann gegenüber der des Heerführers immer mehr an Bedeutung. Ein großer Mann seiner Zeit, Ludwig XIV., hat nach Jahren voll Reue über ihn geschrieben: «Dieser Prinz ist für alle Herrscher und Staatsmänner ein einmaliges Vorbild, und ich werde es ewig bereuen, daß Frankreich einen so großen Verlust hat erleiden müssen. Die Vorsehung hat es so gewollt. Uns wäre es vielleicht nicht gelungen, seinen Tugenden gerecht zu werden». Prinz Eugen war dreiundsiebzig Jahre alt – ein hohes Alter für die damalige Zeit, in der das

Stephansdom: Grab Kaiser Friedrichs III.

Durchschnittsalter 34 Jahre war –, als er am 21. April 1736 für immer entschlief. Er hatte, wie immer, einen arbeitsreichen Tag hinter sich, voll öffentlicher Verpflichtungen, hatte dem Geheimen Rat beigewohnt, an einem offiziellen Essen teilgenommen und dem begehrten Kreis der Gräfin Batthyany einen Besuch abgestattet. Beginnen wir nun mit einer Besprechung der wichtigsten Kunstwerke. Am Anfang des rechten Seitenschiffes befindet sich ein moderner Altar unter einem steinernen Baldachin (1510-1515 von Jörg Oexl angefertig), mit dem Gnadenbild Maria Pötsch, einem ikonenartigen Gemälde aus Ungarn, dem ein Sieg über die Türken verdankt wurde. Es wurde auf kaiserlichen Befehl im Jahr 1697 nach Wien gebracht.

Das wahre Meisterwerk des Stephansdomes ist die *Kanzel*, die Anton Pilgram in reinsten gotischen Formen gegen 1500 aus Stein meißelte. An der Kanzelbrüstung die Darstellung der vier Kirchenväter. Von links nach rechts: Augustinus, Gregor, Hieronymus, Ambrosius. Diese vier werden traditionell auch als physiognomische Studien der vier Temperamente nach Hippokrates interpretiert. Demnach wäre der hl. Augustinus der Melancholiker, der hl. Gregor der Phlegmatiker, der hl. Hieronymus der Choleriker und der hl. Ambrosius der Sanguiniker.

Die Meisterschaft Pilgrams in der Darstellung der ausgeprägten Individualität und Lebendigkeit beim Nachdenken und Sinnieren über die Heilige Schrift ist kaum zu überbieten. Zweimal hat der Schöpfer dieses Meisterwerks sich selbst im Dom wiedergegeben: am Orgelfuß im nördlichen Seitenschiff und, als wollte er sein schönstes Werk signieren, unter der Kanzel, direkt unter der Treppe, mit dem Zirkel in der Hand, «der Fenstergucker», wie das ausdrucksvolle Selbstporträt genannt wird. Die linke Seite des Chores, Frauenchor genannt, bewahrt einen wunderschönen gotischen Altar aus Holz, der geschnitzt und bemalt ist, den *Wiener Neustädter Altar*. Dieser wurde, unter Verwendung etlicher älterer Altäre, für das Neukloster in Wiener Neustadt zusammengestellt. Er kam 1883 nach St. Stephan und ist seit 1952 im Frauenchor aufgestellt. Im Mittelteil sind die Muttergottes mit dem Jesuskind und die Heiligen Katharina und Barbara dargestellt; im Oberteil finden wir eine Krönung der Jungfrau Maria und in den Seitenteilen Szenen aus ihrem Leben.

Der rechte Chor (Apostelchor) bewahrt ein anderes berühmtes Kunstwerk: das *Grabmal Kaiser Friedrichs III.* aus rotem Marmor. Es wurde 1467 von Niclaes Gerhart van Leyden begonnen. Der aus einem Steinblock gefertigte Tumbadeckel mit der Statue des Kaisers, die Pfeilerfiguren und die Vertreter der geistlichen Stände sind eigene Arbeiten von N. G. van Leyden. Der Sockel und die Balustrade wurden von Michael Tichter und Max Valmet im ersten Viertel des 16. Jhs. gefertigt. Neben dem Eingang zur Unteren Sakristei befinden sich der Füchsel-Baldachin von 1448 und eine über eine Wendeltreppe erreichbare Sängerempore, die korrespondierend zur Orgelempore Pilgrams im nördlichen Seitenschiff errichtet wurde.

DIÖZESAN-MUSEUM

Am Stephansplatz 6, gleich neben dem Dom, im ehemaligen Zwettlerhof, der Wiener Niederlassung der Zisterzienser aus dem Stift Zwettl, befindet sich das Diözesanmuseum, in dem auch ein Teil des Domschatzes aufbewahrt wird. Die Skulpturensammlung des Museums besitzt sehr wertvolle Stücke: eine Kreuzabnahme aus bemaltem Holz aus der Mitte des 14. Jahrhunderts; die Erlacher Madonna (ungefähr 1330), die Thernberger Madonna (um 1320); eine Kreuztragung Christi von Jan van Hemessen (Mitte 16. Jahrhundert) und die wunderschöne Gruppe hl. Anna Selbdritt (um 1505) von Veit Stoß.
Unter den Gemälden gehört die Tafel mit dem Porträt Herzog Rudolfs IV. von Habsburg zu den bedeutendsten. Das Bild, das einen der wichtigsten Bauherren des Stephansdomes darstellt, wurde um 1365 gemalt. Es wird als ältestes erhaltenes Porträt bezeichnet, das den Dargestellten im Dreiviertelprofil zeigt – im Gegensatz zu der aus der römischen Münzkunst stammenden Tradition der reinen Profildarstellung. Beachtenswert sind auch das Triptychon aus dem Erzbischöflichen Sommerschloß in Ober-St. Veit (um 1507), ein Werk des Dürerschülers Leonhard Schäufelein, ein Schmerzensmann von Lucas Cranach d. Ä. (1537), eine Madonna mit Kind von Martino Altomonte, außerdem einige Gemälde aus der Barockzeit von Michael Rottmayr, Michael Angelo Unterberger und Paul Troger. Aus dem Domschatz sind wertvolle Kirchengeräte aufbewahrt: zwei syrische Glasflaschen (etwa 1280 und 1310), das Grabtuch Rudolfs IV., Reliquiare, Monstranzen sowie Evangeliare und Missale mit Miniaturmalereien.

Diözesanmuseum: Beweinung Christi.

Diözesanmuseum: Ober-St. Veiter Altar (16. Jh.).

Diözesanmuseum: Syrische Vasen, die als Reliquiare dienen.

Diözesanmuseum: Kreuzabnahme (1340). ▸

59 KREUZABNAHME
um 1340

DER GRABEN

Dieser Platz, der die Form eines sehr langen Rechtecks hat und von berühmten Häusern und eleganten Geschäften eingesäumt wird, bildet einen der Hauptanziehungspunkte der Stadt. Der Name stammt vom großen Stadtgraben, der sich früher an dieser Stelle befand. Auf halbem Weg zwischen dem weltlichen und dem religiösen Zentrum (Hofburg - St. Stephan) befindet sich auf dem «Graben» die *Pestsäule*.
Sie wird auch Dreifaltigkeitssäule genannt und war eine Votivgabe des Kaisers Leopold I. an die Heilige Dreifaltigkeit anläßlich der fürchterlichen Pestepidemie 1679. Eine erste Holzsäule von Joseph Frühwirt wurde im gleichen Jahr an jener Stelle errichtet, an der die Körper der von der Pest Getöteten vergraben wurden. Diese Holzsäule wurde durch die derzeitige Steinsäule ersetzt, an der sich viele namhafte Künstler, unter ihnen J. B. Fischer von Erlach, beteiligten.
Diese Art von Obelisk «mit Wolken» wirkte derartig vorbildhaft, daß man ähnliche Pestsäulen in ganz Österreich finden kann.
Am Ende des Grabens befinden sich zwei Brunnen: der *Josefsbrunnen* und der *Leopoldsbrunnen*. Sie wurden zu Beginn des 19. Jahrhunderts erbaut und bringen durch ihre Namen die besondere Zuneigung der Wiener für diese beiden Heiligen zum Ausdruck.

Der Graben.

DIE PETERS-KIRCHE

Wenn man die barocke Fassade der Peterskirche betrachtet, würde man wohl kaum annehmen, daß die Kirche der Legende nach von Karl dem Großen gegründet wurde. Die Kirche befindet sich auf dem Petersplatz, unweit des Grabens, und wurde zu Beginn des 18. Jahrhunderts von Gabriele Montani begonnen und später von Lukas von Hildebrandt nach einem neuen Plan fertiggestellt. Von letzterem stammen die konkave Vorderfront, die seitlich von zwei Glockentürmen begrenzt wird, und die schöne Kuppel mit ihrer warmen Patina. Aber es ist vor allem das glanzvolle **Innere** der Peterskirche, das den Besucher beeindruckt. Seine prächtigen Fresken und Skulpturen haben typisch barockes Gepräge.

In dem weiten, ovalen Rund, mit seitlichen Nischen und Altären, befinden sich viele Werke barocker Meister. Martino Altomonte schmückte zwei Altäre mit einer *Heiligen Familie* und dem Bild *Antonius von Padua*, er malte das große Bild des Hochaltars *Petrus und Johannes, den Lahmen heilend*. Johann Michael Rottmayr malte die Fresken der Kuppel, und Antonio Galli-Bibiena entwarf den Hochaltar, der dann von Santino Bussi ausgeführt wurde. Am Übergang zum Presbyterium befinden sich eine ausdrucksvolle Darstellung des Martyriums des Landespatrons von Böhmen, des *heiligen Johannes von Nepomuk,* von L. Mattielli und eine prächtige Kanzel von M. Steindl, welche von einem Baldachin mit Engeln und einer Darstellung der Dreifaltigkeit überdacht wird.

Die Peterskirche.

Peterskirche: Kanzel von M. Steindl.

Der Heldenplatz.

Reiterstandbild für Erzherzog Karl.

DER HELDENPLATZ

Er war einst Schauplatz prächtiger Paraden und wurde von Kaiser Franz Josef angelegt, der die Bastei vor dem Leopoldinischen Trakt schleifen ließ und im Rahmen der Erweiterung der Hofburg ein «Kaiserforum» erbauen wollte.
Der Entwurf von Gottfried Semper sah zwei halbkreisförmige Flügel vor, die vom Haupttrakt der Hofburg ausgehend bis zum Ring reichen sollten, der damals angelegt wurde. Auf dem Platz sollten sich zwei große Statuen befinden und ein Portal, das zur Zeit Franz' I. gebaut worden war. Die hohen Baukosten und der Untergang der Monarchie verhinderten jedoch die gesamte Ausführung des Entwurfes, so daß es nie zur Fertigstellung des westlichen Flügels kam.
Die Bauarbeiten an der Neuen Hofburg begannen im Jahr 1881 unter der Leitung von Gottfried Semper und Karl Hasenauer und wurden 1913 von Friedrich Ohmann, Emil Förster und Ludwig Baumann zu Ende geführt. Die Fassade, die auf den Heldenplatz blickt, wird von einem hohen bossierten Sockel und von Arkadenfenstern gebildet, die sich mit Figuren aus der österreichischen Geschichte abwechseln. Darüber befindet sich eine hohe

Reiterstandbild für Prinz Eugen von Savoyen.

Loggia mit doppelten Säulen. Der Bau erhält durch die Weite des Platzes, der heute mit Rasen und Beeten geschmückt ist, ein prächtiges Aussehen. Auf dem Platz befindet sich die bronzene *Reiterstatue von Prinz Eugen von Savoyen*, der die Türken besiegte, ein Werk von Anton Dominik Fernkorn aus den Jahren 1860-1865, und jene von *Erherzog Karl*, dem Gegner von Napoleon in Aspern und bei Deutsch Wagram, ebenfalls ein Werk von Fernkorn aus den Jahren 1853-59. Von Fernkorn erzählt man, daß er sich umgebracht haben soll, weil es ihm beim Bau des Reiterstandbildes von Prinz Eugen nicht gelungen sei, das Pferd auf den Hinterfüßen zum Stehen zu bringen. Er mußte es mit dem Pferdeschwanz abstützen. Hingegen steht das Pferd von Erzherzog Karl wunderbar auf seinen beiden Hinterfüßen. Aber wie gesagt, all das ist Legende, die die Wiener gerne den neugierigen und wissensdurstigen Touristen erzählen. Wahrscheinlich wollte der Künstler selbst zwei verschiedene Reiterstatuen schaffen, um seine künstlerischen Fähigkeiten zu beweisen.

In der Hofburg sind einige interessante Museen untergebracht: die Waffensammlung, die Musikinstrumentensammlung (16.-19. Jh.), das Ephesos-Museum mit den Reliefs, die aus dem Mausoleum des Lucius Vetrus stammen, und das Museum für Völkerkunde.

DIE WAFFEN-SAMMLUNG

Ein beträchtlicher Teil der Sammlung stammt aus dem Besitz von Erzherzog Ferdinand von Tirol (16. Jh.), aus dessen Schloß Ambras bei Innsbruck.
Erzherzog Ferdinand von Tirol war ein leidenschaftlicher Sammler wertvoller Gegenstände verschiedenster Art. Am meisten interessierte er sich jedoch für Waffen. Er hatte sogar einen Sekretär, der ständig zahlreiche Vertreter damit beauftragte, neue Gegenstände zu beschaffen. Davon zeugt noch heute seine reiche Korrespondenz, womit er Waffen und Rüstungen berühmter Herrscher oder Feldherren beschaffen wollte. So ist es auch möglich gewesen, jedes Stück der Sammlung dem ursprünglichen Besitzer zuzuordnen. Nach dem Tod des Erzherzogs wurde, gegen dessen Willen, der Großteil der Sammlung nach Wien gebracht und hier aufgeteilt, aber auch auf Schloß Ambras sind repräsentative Stücke der Waffensammlung und der Wunderkammer zu sehen.
Besonders interessant sind die *Kaiserrüstungen*, wie jene von Maximilian I., Karl V. (1550) und Rudolf II. (1575).
Die heutige, erweiterte Sammlung gehört zu den Sammlungen des Kunsthistorischen Museums, auch wenn sie in den Sälen der Neuen Hofburg zu sehen ist.

Waffensammlung: Rüstungen vom beginnenden 16. Jahrhundert.

Waffensammlung: Turnierrüstung des Kurfürsten Friedrich I. (Mailand, um 1450).

HELDENTOR

Das Heldentor, auch Äußeres Burgtor genannt, schließt die Freibühne des Heldenplatzes zum Ring hin ab. Es war, als monumentaler Zugang zu den Kaiserpalästen, von Luigi Cagnola und Peter Nobile entworfen und zwischen 1821 und 1824 von ihnen erbaut worden. Dort stand früher ein kleineres Tor der alten Mauer. 1933 wurde es nach dem Entwurf von Rudolf Wondracek in ein Gefallenendenkmal der österreichischen Soldaten des Ersten Weltkriegs 1914-1918 umgewandelt und erhielt so seine heutige Bezeichnung.

DER BALLHAUS-PLATZ

Auf diesem Platz, der nach dem kaiserlichen Ballspielhaus benannt wurde, befinden sich außer der *Amalienburg* zwei der wichtigsten Verwaltungsgebäude des österreichischen Staates: die «Geheime Hofkanzlei» beherbergt das *Bundeskanzleramt,* und gegenüber im Leopoldinischen Trakt der Hofburg ist der Sitz des *Bundespräsidenten.*
Das Gebäude des Bundeskanzleramtes wurde 1717-1719 nach einem Entwurf von Johann Lukas von Hildebrandt errichtet und nach Plänen von Nikolaus Pacassi im Jahr 1766 umgestaltet. Das Gebäude erfuhr nach Abtragung einiger Teile des alten Minoritenklosters ständige Erweiterungen und nimmt heute einen ganzen Häuserblock ein.
In diesem Gebäude arbeiteten große Staatsmänner wie Kaunitz und Metternich, und es wurden hier großartige Versammlungen anläßlich des Wiener Kongresses abgehalten. 1934 wurde hier der Kanzler Dollfuß ermordet.

Das Heldentor.

Die Fassade des Leopoldinischen Traktes der Hofburg zum Ballhausplatz.

DER VOLKSGARTEN

Er wurde von 1819 bis 1823 an Stelle der geschleiften Bastei von Ludwig Remy angelegt und stellt die Fortsetzung des Heldenplatzes dar.
In ihm befindet sich der sogenannte *Theseus-Tempel*, die Reproduktion eines griechischen Tempels. Er wurde von 1820-1823 vom Architekten Peter Nobile erbaut. Darin war eine Skulptur von Canova untergebracht, die Theseus, der den Minotaurus tötet, darstellt. Heute befindet sich diese im Stiegenhaus des Kunsthistorischen Museums. Das Vorbild für den Tempel war das Theseion bzw. der dem Hephaistos und der Athena ge-

Volksgarten: Theseus-Tempel.

Volksgarten: Denkmal für Kaiserin Elisabeth.

Das Burgtheater. ▸

Burgtheater: Treppenhaus. ▸

weihte Tempel dorischer Ordnung oberhalb der Agora von Athen. In einem fernen Zusammenhang mit dem Theseus-Tempel steht auch das *Denkmal der Kaiserin Elisabeth*, welches sich im nordöstlichen Teil des Volksgartens befindet. Kaiserin Elisabeth, die ständig auf Reisen war, hatte eine besondere Schwäche für die griechische Kultur und vor allem für die Insel Korfu.

DAS BURGTHEATER

Wien ist für seine große Theatertradition bekannt. Unter den zahlreichen Theatern, die es in der Stadt gibt, ist das Burgtheater das berühmteste. Außerdem stellt es eine wichtige Stufe in der Entwicklung der klassischen Theaterbautradition dar.

Es wurde von 1874 bis 1888 nach Plänen von Gottfried Semper und Karl v. Hasenauer erbaut und mit dem Schillerdrama «Wallensteins Lager» eingeweiht. Die Bombardierungen des Zweiten Weltkrieges verschonten das Theater nicht: ein Großbrand vernichtete es zum Großteil im Jahr 1945, doch erreichte dieser zum Glück nicht die zwei Seitenflügel und somit die wunderbaren *Fresken* von Gustav Klimt und Franz Matsch, die sich in den Gewölben über den Prunktreppen befinden.

Die Restaurierungsarbeiten in der Nachkriegszeit wurden von Michael Engelhart durchgeführt, der unter anderem einen neuen Zuschauersaal baute, aber grundsätzlich die frühere Struktur des Theaters beibehielt oder sie geringfügig vereinfachte und modernisierte. Das Burgtheater wurde im Jahr 1955 wieder für das Publikum geöffnet und stellt seit damals eines der Zentren der Wiener und eu-

ropäischen Theaterkultur dar. Noch eine bemerkenswerte Episode: Das Burgtheater am Ring wurde an Stelle des ehemaligen «Hoftheaters» am Michaelerplatz errichtet, welches daraufhin abgerissen wurde. Am Abend der letzten Vorstellung rafften die Wiener, die das Theater als künstlerisches Mekka betrachteten, in einem Anfall von Fetischismus sämtliche Gegenstände, die tragbar waren, zusammen, um in der eigenen Wohnung einen Erinnerungsgegenstand aus dem alten «Hoftheater» zu haben.

DREIMÄDERLHAUS

Das sogenannte Dreimäderlhaus steht auf Nr. 10 der Schreyvogelgasse, mitten auf dem Anstieg zur Mölkerbastei, dem Rest einer ehemaligen Stadtmauer. Das Haus wurde 1803 erbaut und ist ein typisches Beispiel für den Biedermeierstil. Dies war zuerst ein etwas verächtlicher Ausdruck, aber seit Anfang unseres Jahrhunderts wird er allgemein gebraucht, um den Lebensstil zu bezeichnen, der für die Zeit der Restauration in Österreich typisch ist. Die Bezeichnung Biedermeier entstand aus dem Namen eines imaginären Lehrers. So unterschrieb nämlich zwischen 1850 und 1857 der Dichter Ludwig Eichrodt in der satyrischen Zeitung «Fliegende Blätter» eine lange Reihe ironischer Gedichte. Der Biedermeiermensch ist einfach und begrenzt, er verzichtet auf die Lösung der großen Weltprobleme und zieht sich in sein Privatleben zurück, er pflegt seine Ideale in der Liebe zur Natur und in den kleinen Dingen des Alltags. Die volkstümliche Phantasie verbindet, ohne geschichtlichen Hintergrund, dieses Haus mit Franz Schubert und den drei Schwestern Hannerl, Hederl und Heiderl, den Töchtern des Glasers Tscholl in der Operette «Dreimäderlhaus». Die romantische Geschichte will, daß im Wohnzimmer der drei Schwestern, der damaligen Hausbesitzerinnen, der immer mittellose Musiker einen großen Teil seiner Zeit verbrachte, einerseits um Klavier zu spielen, denn er besaß kein Instrument, und andererseits, um den Komfort des Hauses zu genießen.

DIE VOTIVKIRCHE

Die Kirche wurde von 1856 bis 1879 nach dem Vorbild der gotischen französischen Kathedralen als Votivgabe vom späteren Kaiser Maximilian von Mexiko, nachdem sein Bruder, Kaiser Franz Josef, 1853 dem Attentat des Anarchisten Libenyi entkommen war, errichtet. Die Ausgaben für den Bau wurden durch eine Spendensammlung im Jahr 1856 gedeckt, an der sich rund 300.000 Bürger beteiligten. Die kühne neugotische Struktur verdanken wir dem Architekten Heinrich von Ferstel, der mit 26 Jahren schon an der Universität tätig war. Zwei 99 m hohe Türme umrahmen die Fassade, in die eine schöne Rosette eingelassen ist.

DAS RATHAUS

Einer der monumentalsten Bauten des Rings wurde auf Initiative von Kajetan Felder (Bürgermeister von Wien von 1868 bis 1876) nach dem Vorbild des Brüsseler Rathauses erbaut.

Das Rathaus.

◄ *Das Dreimäderlhaus.*

◄ *Die Votivkirche*

Das Gebäude wurde von 1872 bis 1883 nach Plänen von Friedrich Schmidt aus Köln errichtet. Das neugotische Gebäude besitzt einen zirka 100 m hohen Turm, auf dessen Spitze sich der «Eiserne Rathausmann» befindet. Er ist ca. 3 m hoch und ein Werk von Alexander Nehr aus dem Jahr 1882. Der Platz, an dem sich das heutige Rathaus befindet, war bis zur Mitte des 19. Jhs. ein militärisches Exerzierfeld, auf dem auch Paraden stattfanden. Kajetan Felder erhielt dann vom Kaiser die Genehmigung, dieses Gelände zu bebauen.

DAS PARLAMENT

Das erste gewählte österreichische Parlament war der sogenannte «Kremsierer Reichstag», der im Zuge der Unruhen von 1848 ins Leben gerufen wurde. Jedoch erst ab 1870 nimmt die Versammlung modernen demokratischen Charakter an. Das Gebäude blickt auf den Dr. Karl Renner- Ring, in ihm sind der Nationalrat und der Bundesrat untergebracht. Von einem langen Aufenthalt in Athen wurde der dänische Architekt Theophil Hansen für den Bau des Wiener Parlaments inspiriert. Es wurde in den Jahren 1873 bis 1883 erbaut und besitzt eine vorspringende Mittelhalle mit acht korinthischen Säulen und darüberliegendem Giebel und zwei Seitenflügel mit, analog der Mittelhalle, vorspringenden tempelartigen Eckrisaliten. Der schöne monumentale Brunnen vor dem Gebäude mit einer Statue der Pallas Athene wurde von Karl Kundmann 1898 bis 1902 errichtet, die Bronzestatuen der Rossebändiger an der Auffahrtsrampe stammen von Lax und sind gemeinsam mit den zahlreichen sitzenden Statuen griechischer und römischer Historiker sowie der Statuenreihe, die in den Himmel ragt, typische Beispiele klassizistischer Baukunst. Die repräsentative große Säulenhalle im Inneren ist mit 24 monolithischen Säulen aus Adneter Marmor ausgestattet. Jede dieser kannelierten Säulen hat einen Durchmesser von 1,1 m und wiegt ca. 18 Tonnen.

Das Parlament.

Der Brunnen mit Pallas Athene vor dem Eingang zum Parlamentsgebäude.

DAS KUNSTHISTORISCHE MUSEUM

Der weite Maria-Theresien-Platz, der um das Jahr 1870 gleichzeitig mit dem Ring angelegt wurde, befindet sich zwischen dem Kunsthistorischen und dem Naturhistorischen Museum. In seiner Mitte erhebt sich das *Denkmal der Kaiserin Maria Theresia* aus dem Jahr 1888. Die Bronzestatuen sind von Kaspar Zumbusch. Maria Theresia ist auf dem Thron sitzend dargestellt und von ihren Ratgebern (Standbilder) und den Feldherren (Reiterfiguren) Laudon, Daun, Khevenhüller und Traun umgeben.

Die beiden Museen, die den Platz einfassen, wurden im Rohbau von Gottfried Semper und Karl Hasenauer zwischen 1872 und 1881 im italienischen Renaissancestil errichtet. Sie haben völlig gleiches Aussehen, besitzen eine hohe Kuppel, eine Balustrade, die mit den Statuen berühmter Männer geschmückt ist, und eine lange säulengeschmückte Fassade. Das Naturhistorische Museum zählt zu den reichsten und vollständigsten Sammlungen seiner Art auf der Welt. Unter seinen zahlreichen Funden aus der Steinzeit befindet sich auch die berühmte *Venus von Willendorf*. Das Kunsthistorische Museum hingegen

Die prächtige Fassade des Kunsthistorischen Museums.

Maria-Theresia-Denkmal.

gehört zu den wichtigsten Kunstsammlungen der Welt, ganz besonders die einmalige Gemäldegalerie. Deren Geschichte ist sehr umfassend und eigentlich verbunden mit jener der Habsburger, die diese Gemälde sammelten. Erzherzog Ferdinand II. von Tirol war der erste große Sammler des Hauses Habsburg. Er hatte eine Vorliebe für Porträts. Während der 19 Jahre seines Statthalteramtes in Böhmen (von 1547 bis 1566) schuf er die Grundlagen einer umfangreichen Sammlung, die in den darauffolgenden Jahren nach Schloß Ambras bei Innsbruck verlegt wurde.
Kaiser Rudolf II. war dann der erste im eigentlichen Sinne kunstverständige Sammler, der in Prag viele Objekte zusammentrug, die noch heute zu den wertvollsten Beständen des Museums gehören. Sein Interesse galt vor allem der deutschen und italienischen Renaissance, deren Werke er leidenschaftlich sammelte. Gemälde von Dürer, Bruegel, Correggio u. a. sind ihm zu verdanken. Nach ihm gehört vor allem Erzherzog Leopold Wilhelm zu den eigentlichen Begründern der kaiserlichen Gemäldegalerie. Er war seit 1647 Statthalter in den Niederlanden und hatte als solcher und als Hochmeister des Deutschen Ritterordens sowie als Inhaber mehrerer Bistümer ein hohes Einkommen, das er in seiner Sammlung anlegte. Dabei kam ihm die politische Lage am Ende des Dreißigjährigen Krieges entgegen. So erwarb er aus der Sammlung des englischen Königs, die Oliver Cromwell in Antwerpen versteigern ließ, einen Großteil der Bilder. Erzherzog Leopold Wilhelm vererbte seine Sammlung, in der sich wertvolle Venezianer und frühe Niederländer befanden, seinem Neffen, Kaiser Leopold I.

Maria Theresia und ihr Sohn Kaiser Josef II. erweiterten die Sammlung durch Ankäufe von Bildern von Rubens, van Dyck, Caravaggio u. a. Beide wollten die Kunstwerke auch allgemein zugänglich machen und schufen im Belvedere einen neuen Ausstellungsort. Unter Kaiser Franz I., im ersten Drittel des 19. Jahrhunderts, wurden vor allem antike Kunst und Zeugnisse aus der Vorgeschichte angekauft.
1891 wurde dann von Kaiser Franz Josef das Kunsthistorische Museum eröffnet, in dem eine gemeinsame systematische Aufstellung aller Schätze der kaiserlichen Sammlung möglich war.
Im Hochparterre befinden sich die Antikensammlung, die Ägyptische Sammlung und die Sammlung für Plastik und Kunstgewerbe.
Die Antikensammlung beherbergt griechische, etruskische und römische Altertümer sowie Stücke aus der Zeit der Völkerwanderung und des frühen Mittelalters. Mit Bodenfunden und Ankäufen wurde Ende des 18. Jhs. der Grundstock der Sammlung gelegt. Es finden sich hier her-

Die Hirschjagd des Kurfürsten Friedrich des Weisen von Lucas Cranach d. Älteren (1529). ▸

Heimkehr der Jäger von Pieter Bruegel d. Älteren (1565). ▸

Kaiser Rudolf II. von Hans von Aachen (um 1595).

Theseus und der Minotaurus, Gruppe von Antonio Canova.

vorragende Werke der Steinschneidekunst (Gemma Augustea, Ptolemäer-Cameo), der antiken Plastik (Porträt des Aristoteles, Jüngling vom Magdalensberg, Porträt eines Bürgers aus Ephesus) und wertvolle Keramik sowie Schätze aus Gold und Silber (Fibeln, Gefäße etc.).
Die Ägyptische Sammlung hat einen Bestand von fast 4000 Objekten. Nur ein kleiner Teil davon kann ausgestellt werden. Die Sammlung ist im 20. Jahrhundert vor allem durch österreichische Ausgrabungen in Ägypten bereichert worden. Objekte dieser Sammlung sind Reliefs, Kleinplastiken, Schmuck, Werkzeug, Papyri, Gegenstände des Totenkults, Textilien, die Kultkammer des Prinzen Kanisut aus Gizeh (ca. 2400 v. Chr.).
Die Sammlung für Plastik und Kunstgewerbe enthält Sammelgegenstände vom Mittelalter bis zum Beginn des 19. Jahrhunderts: geschnittenes und gedrechseltes Elfenbein, Goldschmiedekunst, darunter den sog. «Dürerpokal» und das Salzfaß des Cellini, Steinschneide- und Emaillekunst, Plastik (Krumauer Madonna aus Böhmen um 1400) und Maria mit dem Kind (um 1505 bis 1510) von Tilman Riemenschneider in der alten Farbfassung.
Aus der Gemäldegalerie im 1. Stock seien genannt: Giorgione, Raffael, Tizian, Tintoretto, Velasquez, Cranach, Altdorfer, Dürer, Holbein, Bruegel, Rembrandt.

◀ *Blick vom Belvedere auf Wien, ein Werk von Bernardo Bellotto (1759/60).*

◀ *Pietà von Annibale Carracci.*

Porträtstatue des Pharao Thutmosis III. (XVIII. Dynastie, um 1450 v. Chr.).

Kopf der Göttin Artemis (3.-1. Jh. v. Chr.).

Ptolemäer-Cameo (3. Jh. v. Chr.).

Maria mit dem Kind von Tilman Riemenschneider (um 1505-1510).

Lachender Knabe von Desiderio da Settignano (um 1455).

Salzfaß von Benvenuto Cellini (1540/43).

BURGGARTEN

Die Befestigungsanlagen, die Wien einrahmten, waren einigermaßen veraltet, als Napoleon im Jahr 1809, wohl eher aus psychologischen als aus strategischen Gründen, die Bastion vor dem kaiserlichen Palast in die Luft sprengen ließ. Das gab den Anlaß dazu, an eine Erweiterung des Schlosses zu denken und die ganze Umgebung zu verschönern. So entstand 1818 der Burggarten, als Garten der Hofburg. Wo der Park an den Ring grenzt, an der Ecke von Opernring und Goethegasse, steht das Goethedenkmal, das Hellmer 1900 errichtet hatte. Andere Statuen zur Erinnerung an große Persönlichkeiten befinden sich im Innern des Parks, im Grünen verborgen, so das Mozartdenkmal von Viktor Tilgner von 1896, das früher auf dem Albertinaplatz stand, und die Statue Franz Josefs.

Burggarten: Mozartdenkmal.

Burggarten: Goethedenkmal.

Burggarten: Denkmal für Kaiser Franz Josef, ein Werk von J. von Klinbusch (1908).

DIE STAATSOPER

Mit dem Bau der Staatsoper, einem der bedeutendsten Musiktheater der Welt, wurde sofort nach Eröffnung der Ringstraße begonnen. Der Wettbewerb für das Projekt wurde von den Architekten Eduard van der Nüll und August von Siccardsburg gewonnen. Sie ließen sich hauptsächlich von der französischen und florentinischen Frührenaissance anregen und gaben dem Gebäude doch ein typisches Wiener Gepräge. Mit den Bauarbeiten wurde 1861 begonnen, und am 25. Mai 1869 wurde die Oper mit «Don Giovanni» von Mozart feierlich eingeweiht. Leider hatte die Einweihung auch eine tragische Seite: Bei der Zeremonie machte Kaiser Franz Josef eine leicht negative Bemerkung über die Proportionen der Vorderfront des Gebäudes. Van der Nüll nahm sich dies so zu Herzen, daß er sich erhängte. Siccardsburg starb 2 Monate später von Schmerz und Schande übermannt. Nachdem die Oper bei Luftangriffen im März 1945 fast vollständig zerstört worden war, hat Architekt Erich Boltenstern das Gebäude wieder aufgebaut. Bei den Restaurierungsarbeiten blieb das Äußere des Theaters weitgehend unverändert (z. B. die Vorderfassade mit den Säulengängen), während das Innere grundlegende Umänderungen erfuhr und mit modernen technischen Anlagen ausgestattet wurde. Die Oper wurde fast gleichzeitig mit dem Burgtheater im Jahr 1955 mit «Fidelio» von Beethoven wiedereröffnet. Das **Innere** ist prächtig ausgestattet, der große Saal hat ein Fassungsvermögen von 2200 Zuschauern. Die doppelte Treppe mit den *Statuen der Musen* ist ein Werk von Josef Gasser, und die mit *Fresken* versehenen Lünetten stammen von Moritz von Schwind aus dem Jahr 1867. Sie stellen Szenen aus der «Zauberflöte» von Mozart dar. Im Februar findet hier auch der berühmte Opernball statt, für den der ganze Saal in eine riesige Tanzfläche verwandelt wird.

MUSIKVEREINS-GEBÄUDE

Es wurde zwischen 1867 und 1869 nach einem Entwurf des Architekten Theophil Hansen für die Gesellschaft der Musikfreunde erbaut und ist eines der Hauptzentren für das musikalische Leben in Wien. Deutlich sind an dem Gebäude die neoklassischen Reminiszenzen erkennbar, die in Lisenen aufgeteilten Flächen und der dreieckige Giebel, der die Fassade

◄ *Die Fassade der Staatsoper.*

Musikvereinsgebäude: der Goldene Saal.

krönt. Das Herz des Gebäudes bildet der große Konzertsaal, der «Goldene Saal», in dem 2.042 Zuschauer Platz finden und der mit Stuck und Karyatiden reich geschmückt ist. Einige Felder der Kassettendecke hat der Maler August Eisenmenger 1911 mit dem Thema Apollo und 9 Musen ausgemalt. Von diesem Saal aus, in dem sechs Sinfonien Bruckners (Nr. 2, 3, 4, 6, 8 und 9) erstaufgeführt wurden, wird jeden 1. Januar das berühmte Neujahrskonzert der Wiener Philharmoniker, die hier ihren Sitz haben, übertragen. Im Archiv der Gesellschaft, die 1812 gegründet wurde, sind äußerst wertvolle Manuskripte aufbewahrt, z. B. das Original der dritten Sinfonie von Beethoven, der Eroica, und der Sinfonie in g-moll von Mozart.

PALAIS TRAUTSON

Das Palais Trautson (Museumstraße 7) ist vielleicht das bedeutendste Privatgebäude, das der berühmte Architekt Johann Bernhard Fischer von Erlach in Wien gebaut hat. Die Bauarbeiten begannen 1710 unter der Leitung von Christian Alexander Oedtl, auf den Auftrag des Fürsten Trautson hin, und wurden in knapp zwei Jahren zu Ende geführt. Der Bau hat eine erhabene und zugleich prächtige Fassade, mit einem Dreiecksgiebel neoklassischen Geschmacks, der durch das Portal mit seinen drei Arkaden, den drei riesigen Fenstern und den Skulpturen über dem Balkon noch unterstrichen wird. In der Stuckverzierung im Giebelfeld ist eine olympische Szene dargestellt. Die monumentale Treppe schmücken zwei in Stein gehauene Sphingen, und vier Riesen stützen die Bogen, wahrscheinlich ein Werk des Giovanni Giuliani. 1760 kaufte Kaiserin Maria Theresia das Gebäude und machte es zum Sitz der Ungarischen Königlichen Leibgarde. Bis zum Ersten Weltkrieg behielt das Korps diesen Standort bei. Seit 1972 ist im Palais Trautson das Justizministerium untergebracht.

PALAIS LIECHTENSTEIN

Das Stadtpalais Liechtenstein mit seinen monumentalen vier Geschossen, die einen viereckigen Innenhof umschließen, wurde zwischen 1694 und 1706 nach einem Entwurf von Enrico Zuccalli erbaut, der vom Grafen Kaunitz beauftragt worden war. Kurz nach Beginn der Bauarbeiten kaufte Prinz Johann Adam Liechtenstein das Gebäude. Ende 1693 erscheint der Name des Baumeisters Martinelli erstmals in einer Baurechnung. Martinellis Fassadenriß, er wurde in seiner Heimatstadt Lucca entdeckt, weist jedoch weitgehende Identität mit dem Plan Zuccallis auf. Diese Fassadengestaltung war neu in Wien, sie läßt sich vom römischen Typus des berühmten Bernini ableiten, während das Portal am Minoritenplatz dem Stil J. B. Fischer von Erlachs sehr nahekommt, vor allem das von mächtigen figürlichen Gebälkträgern (Venus und Vulcan von Giuliani) eingerahmte Tor. Im Innern die herrliche Ehrentreppe mit Deckenbild von Antonio Bellucci; die Stukkaturen sind von Santino Bussi, die Skulpturen von Giovanni Giuliani. Die Räume wurden zwischen 1836 und 1847 im Stil des zweiten Rokoko eingerichtet.

Minoritenkirche: Apsis. ▶

Minoritenkirche: Innenraum. ▶

Minoritenkirche: Giebel am Westportal mit Kreuzigung des Meisters Jakobus. ▶

Palais Trautson: Innentreppe.

Palais Liechtenstein: Nebenportal mit den Atlanten von Giovanni Giuliani.

DIE MINORITENKIRCHE

1251 war der erste Bau der Kirche abgeschlossen, er wurde aber durch die Stadtbrände von 1262 und 1276 zerstört und ist dann unter dem Böhmenkönig Ottokar II. wieder errichtet worden. Ottokars Herz wurde in einer Urne in der Katharinenkapelle der Kirche beigesetzt, sein Leichnam liegt im Prager Veitsdom. 1339 wurde mit dem Anbau eines weiteren Seitenschiffs begonnen, nach französischem Vorbild mit 3 Portalen. Das mittlere weist eine kostbare Reliefdarstellung der Kreuzigung auf, die von Jakobus von Paris, einem Klosterbruder, geschaffen wurde. Kaiser Josef II. hob im Zuge seiner Kirchenreform das Kloster auf und ordnete die Übersiedlung der Patres in die Kirche an der Alserstraße zum Zwecke der Pfarr- und Krankenseelsorge an. Seitdem heist die Minoritenkirche «Italienische Nationalkirche Maria Schnee».Von barocken Umgestaltungen purifizierte der kaiserliche Hofarchitekt Ferdinand von Hohenberg zwischen 1784 und 1788 das Innere der Kirche und verlieh ihm ein klassizistisches Aussehen. Bemerkenswert ist die Wiedergabe des *Letzten Abendmahles* von Leonardo da Vinci, ein über Auftrag von Kaiser Napoleon I. von dem Römer Giacomo Raffaelli geschaffenes Mosaik, 20 Tonnen schwer. Eine weitere bedeutende Arbeit ist die von Herzog Albrecht II. 1345 gestiftete «Säulenmadonna» – seit 1964 auch «Familienmadonna» genannt. An der Kirche wirkte auch der hl. Clemens Maria Hofbauer nach seiner Rückkehr aus Warschau. Das an die Kirche angebaute Kloster wurde zwischen 1881 und 1909 abgerissen, um Platz für Verwaltungsgebäude zu schaffen.

SCHOTTEN KIRCHE

Der Babenberger Heinrich II. Jasomirgott holte um 1155 irische Benediktinermönche aus dem Kloster St. Jakob in Regensburg nach Wien und schenkte ihnen den Platz gegenüber seiner Residenz «Am Hof». Irland wurde damals «Scotia maior» genannt, daher kommt der Name «Schotten». Mit dem Kloster- bzw. Kirchenbau begann man bald nach der Gründung. Es entstand eine dreischiffige Pfeilerbasilika mit Querschiff und Apsis. Aus der damaligen Zeit, um 1250, stammt die älteste marianische Gnadenstatue Wiens, die heute am vorderen linken Seitenaltar aufgestellt ist. In der Kirche sind der Stifter Heinrich II. und seine Gemahlin, Graf Starhemberg, der Verteidiger Wiens beim Türkensturm 1683, und der berühmte Barockmaler Paul Troger beigesetzt. Von 1638 bis 1648 wurde

die Kirche von Andrea d'Allio und Silvestro Carlone barock umgebaut. Sie besitzt im naheliegenden Kloster eine reichhaltige Gemäldesammlung. Deren wertvollster Besitz sind die Flügelbilder des gotischen Hochaltars der Kirche von 1469, die als Hauptwerk der spätgotischen Tafelmalerei Wiens gelten. Ihr Schöpfer ist der unbekannte «Schottenmeister». Gegenüber der Schottenkirche befindet sich das *Palais Daun-Kinsky*, ein Meisterwerk des Barock von Lukas von Hildebrandt.

AM HOF

Im Mittelalter war hier das eigentliche Stadtzentrum, und noch der Name erinnert daran, daß auf diesem Platz Herzog Heinrich Jasomirgott seinen Hof hatte. An einem Eck des Platzes, Nr. 10, erhebt sich das *Zeughaus*, welches um 1550 erbaut wurde. Nachdem es mehrmals verändert wurde, erhielt es 1731/32 sein heutiges Aussehen. Die zwei robusten Steinstatuen, die es schmücken, und der zweiköpfige Adler an der Vorderfront sind von Lorenzo Mattielli. Auf dem Platz befindet sich ferner die *Kirche* «Am Hof», um 1400 erbaut, die aber im 17. Jahrhundert barock umgebaut wurde. Die Vorderfront stammt von Carlo A. Carlone und ist aus dem Jahr 1662. Zweimal war der Altan Schauplatz von historischer Bedeutung: 1782 erteilte Papst Pius VI. von dort den päpstlichen Segen, nachdem er vergeblich versucht hatte,

◄ *Palais Daun-Kinsky: Außenansicht.*

◄ *Schottenkirche auf der Freyung .*

Die Kirche «Am Hof».

Das Zeughaus, das ehemalige Arsenal der Stadt.

Altes Rathaus: Fassade.

Kaiser Josef II. zu veranlassen, die Anordnung zur Aufhebung der Klöster rückgängig zu machen, und dazu eigens nach Wien gekommen war; 1806 verkündete ein Herold die Niederlegung der römischen Kaiserwürde durch Franz II.

ALTES RATHAUS

Das älteste Rathaus Wiens stand wahrscheinlich in den Tuchlauben beim Graben, wenig entfernt vom Alten Rathaus in der Wipplingerstraße. Vom 16. Jh. an übernahm ein Gebäude, Kern des jetzigen Alten Rathauses, die Ehre, die Gemeindeverwaltung zu beherbergen. Es war ein Besitz der mächtigen Familie Haimo von Neuburg, der beschlagnahmt worden war. 1309 entfachte sich ein Aufstand gegen die Habsburger, die seit 1276 in Wien herrschten, den der kaufmännische Adel und das Bürgertum organisiert hatten. Die Revolte wurde niedergeschlagen und die Güter der Aufständischen konfisziert. Auch der mächtige Otto Haimo sah seinen Besitz in nichts zerrinnen, und Friedrich der Schöne, der Herzog, in dessen Person man die ganze Dynastie verletzen wollte, schenkte 1316 das beschlagnahmte Haus Ottos der Stadt Wien.

Das Gebäude erfuhr in den folgenden Jahrhunderten zahlreiche Veränderungen und wurde 1706 in barockem Stil umgestaltet. Im Jahr 1885 war das neue Rathaus an der Ringstraße fertiggestellt, und so hörte das alte Rathaus auf, Sitz der Gemeindeverwaltung zu

sein, nur noch einige Verwaltungsbüros sind hier untergebracht.
Die Fassade an der Wipplingerstraße, die zwischen 1699 und 1706 erbaut wurde, ist vom Stil J. B. Fischers von Erlach stark beeinflußt. Die Statuenpaare auf den Pilastern der beiden Portale sind allegorische Tugenddarstellungen: bei Nr. 6 die Gerechtigkeit und die Güte (1706), und bei Nr. 8 die Frömmigkeit und der Glaube. Die zuletzt genannten Skulpturen sind von Johann Martin Fischer (1781).
Im malerischen Hof befindet sich der berühmte Andromedabrunnen, der 1741 im Auftrag der Stadtverwaltung von dem Bildhauer Georg Raphael Donner verwirklicht worden war. Für dieses Werk schuf er ein großartiges Bronzerelief. In perspektivischer Fluchtlinie sehen wir im Vordergrund Andromeda, die vom Drachen gefangengehalten wird, welcher aber von Perseus, der aus dem Hintergrund auftaucht, besiegt wird. Zwei Puttenpaare stützen den darüberliegenden Balkon, der mit einer schmiedeeisernen Balustrade verziert ist, ein Werk von Simon Vogel (1725). Sehr schön ist im Inneren des Hauses der große Ratssaal mit Stuck von A. Camesina von 1712/13. Der Gemeinderatssaal wurde 1851-1853 umgestaltet. Stuck und Reliefs sind von Hans Gasser.

DIE BÖHMISCHE HOFKANZLEI

Dieses Palais, ursprünglich Sitz der böhmischen Hofkanzlei, befindet sich gegenüber dem Alten Rathaus und wurde von 1708-1714 nach einem Entwurf von Fischer von Erlach erbaut und von 1751-1754 vom Architekten Matthias Gerl vergrößert. Die Erweiterungen sind an einem großen Teil (ungefähr der Hälfte) der Fassade, die auf die Wipplingerstraße geht, gut erkennbar, während die Fassade zum Judenplatz ganz dem Architekten Gerl zuzuschreiben ist, der jedoch die architektonischen Elemente, die von Erlach für das Gebäude verwendet hatte, auf glückliche Art und Weise wiederholte. Weitere Veränderungen, sowohl außen wie innen, wurden im Lauf des 19. Jhs. vorgenommen. Später dann wurde infolge der Kriegsschäden eine teilweise Neuerbauung notwendig, die 1946-1951 durchgeführt wurde. Die majestätischen Portale mit Atlanten, die das schwere Gebälk tragen, sind mit Statuen von Lorenzo Mattielli geschmückt; sie machen aus dieser Fassade eines der schönsten Beispiele des Wiener Barock. Zur Zeit ist das Gebäude der Sitz des Verfassungs- und des Verwaltungsgerichtshofes.

Altes Rathaus: Andromedabrunnen.

Böhmische Hofkanzlei: Fassade an der Wipplingerstraße.

LEBENSVERSICHERUNG
DER ANKER

VERMÄHLUNGS-BRUNNEN - HOHER MARKT

Im Zentrum des Hohen Markts steht der Vermählungsbrunnen, auch Josefsbrunnen genannt. Er wurde nach einem Gelübde Leopolds I. errichtet, das dieser abgelegt hatte, als der Thronfolger Josef in den Krieg gezogen war. Das Projekt für den Bau wurde Johann Bernhard Fischer von Erlach anvertraut, der im Jahr 1706 ein ähnliches Denkmal aus Holz aufgestellt hatte. An seiner Stelle wurde dann von seinem Sohn Joseph Emanuel 1729-1732 ein neues Denkmal errichtet. Die Marmorgruppe des Brunnens stellt die Vermählung von Maria und Josef im Beisein des Hohenpriesters dar. Die Marmorskulpturen stammen von A. Corradini, der Bronzebaldachin von J. Duval und das Brunnenbecken von L. Mattielli. Die Ostecke des Hohen Markts schließt die etwas kühl anmutende wuchtige Mauer des Ankerhofs ab. Eine Besonderheit im Wiener Jugendstil steht dazu im Kontrast: die Ankeruhr, die sich über die Rotgasse schwingt. Der Mechanismus dieser einmaligen Uhr, die 1913 nach Zeichnung des Malers Franz Matsch gebaut wurde, ist so ausgedacht, daß sich im Verlauf der Stunden, in einem hübschen Ochsenauge im Jugendstil, die bedeutendsten Persönlichkeiten der österreichischen Geschichte abwechseln. Die römischen Ruinen, die unter dem Hohen Markt besichtigt werden können, zeigen Reste von Offiziershäusern, die etwa zwischen 100 und 300 n. Chr. entstanden sind.

RUPRECHTS-KIRCHE

Der Überlieferung nach ist diese Kirche im Jahr 740 von Chuniald und Gisalrich, Schülern des hl. Rupert, des ersten Bischofs von Salzburg, erbaut worden. In mittelalterlichen historischen Beschreibungen wird sie als äl-

◂ *Der Vermählungsbrunnen.*

Hoher Markt: die Ankeruhr.

Die Ruprechtskirche: Südseite.

Mariä Verkundigung (um 1460).

Krönung mariens (um 1460).

Maria am Gestade: Fassade. ▸

teste Kirche Wiens bezeichnet, jedoch erstmals in einer Urkunde des 12. Jhs. erwähnt. Schön ist der Glockenturm mit den zweibogigen Fenstern, – der oberste Teil kam im 12. Jh. dazu – und der stimmungsvolle gotische Innenraum mit zwei asymmetrischen Schiffen und einer kleinen polygonalen Apsis. Im Mittelfenster die zwei ältesten noch erhaltenen mittelalterlichen Glasscheiben Wiens, um 1280 entstanden, mit Kreuzigung und thronender Maria.

MARIA AM GESTADE

Eine der schönsten Kirchen Wiens mit einem stimmungsvollen, hohen, schlanken Innenraum.
Maria am Gestade gehört zu den ältesten Kirchen Wiens. Sie lag, wie der Name sagt, am Ufer der Donau, oberhalb eines Bootsanlegeplatzes, war eine passauische Gründung und blieb bis 1783 – mit Unterbrechungen – dem Bistum Passau unterstellt.
Die heutige Kirche wurde in verschiedenen Phasen erbaut: zwischen 1330 und 1369 entstanden der Chor und der untere Teils des Turms, zwischen 1398 und 1414 das Schiff. Das unvergleichliche, kuppelartige Gebilde des Turmabschlusses, zwischen 1430 und 1440 vollendet, ist ein Wahrzeichen der Kirche. Sein Schöpfer war Michael Knab aus Wiener Neustadt. Der bei der Türkenbelagerung 1529 beschädigte Turm wurde von 1534-1537 wieder hergestellt. Kaiser Franz I. gab den Befehl für eine umfangreiche Wiederherstellung, nachdem das Gotteshaus von der französischen Besatzung unter Napoleon I. als Militärdepot und Stall verwendet worden war.
Zwei Tafeln aus dem ehemaligen gotischen Hauptaltar (um 1460) mit hervorragenden Bildern, die zu den schönsten ihrer Zeit gehören, sind links und rechts vor dem Hochaltar so aufgehängt, daß sie zum Beschauer blicken. Rechts die *Krönung Mariens* (Rückseite: Kreuzigung Christi), links die *Verkündigung Mariä* (Rückseite: Christus am Ölberg).
Einige Pfeilerfiguren unter schön gestalteten Baldachinen, besonders der Verkündigungsengel und Maria, beide um 1370, sind beste gotische Arbeiten. Im Chor und an der südlichen Langhausfront sind Glasscheiben aus verschiedenen Fenstern der Kirche vereinigt, meistens stammen sie aus dem 14. Jh. Der neugotische Hochaltar wurde 1845/46 errichtet.

HEILIGENKREUZERHOF

Schon im Mittelalter besaßen die großen Klöster Residenzen auch in der Stadt, die sogenannten Klosterhöfe, die vor allem als Lagerräume für die landwirtschaftlichen Erzeugnisse dienten, die für den städtischen Markt bestimmt waren.
Der Heiligenkreuzerhof, eine Oase des Friedens mitten in der Stadt, geht in seinem ältesten Kern auf die Zeit der Babenberger zurück und gehörte dem berühmten Stift Heiligenkreuz, das wenige Kilometer südlich von Wien liegt. Das einfache und feierliche Aussehen des Innenhofs geht auf die umfangreichen Umbauten von 1659-1676 zurück. Der interessanteste Teil ist zweifellos die barocke St. Bernhardskapelle (um 1730) mit dem großen Hochaltarbild von Martino Altomonte, das die Erscheinung Mariens vor St. Bernhard darstellt. Außerdem schmücken zwei Figuren (hl. Leopold, hl. Florian) von G. Giuliani den Hochaltar.
Viele Kunstgegenstände und Urkunden der Abtei wurden vor der Zerstörung während der türkischen Belagerung gerettet, weil sie rechtzeitig im Heiligenkreuzerhof in Sicherheit gebracht worden waren.

Der Heiligenkreuzerhof.

Das Innere der Bernhardskapelle.

Bäckerstraße: Renaissancehof im Haus Nr. 7. ▶

Domgasse: Figarohaus. ▶

Schönlaterngasse: Basiliskenhaus. ▶

BÜRGERHÄUSER

Äußerst zahlreich und überall verstreut im alten Zentrum sind die Privathäuser, die vom architektonischen und historischen Gesichtspunkt aus von großer Bedeutung sind. Besonders dicht beieinander liegen diese Gebäude in dem Straßengewirr zwischen Stephansdom und der alten Universität.
Auf Nr. 7 der Schönlaterngasse finden wir das «Basiliskenhaus», das auf das 13. Jh. zurückgeht und dessen Name aus einer seltsamen Legende hervorgeht, nach der ein kleiner, einem Hühnerei entschlüpfter Drache in einem Brunnen gegenüber diesem Haus gefunden worden war. Es gelang den Bewohnern nicht, sich von dem Drachen zu befreien, bis ein junger Bäcker das Ungetüm vor Schreck zu Stein erstarren ließ, weil er ihm sein Aussehen in einem Spiegel zeigte. Der versteinerte Basilisk ist auf der Fassade noch erkennbar, aber das Monstrum ist nichts anderes als ein Sandsteinblock, dem die Verwitterung diese bizarre Form gegeben hat. In der nahen Bäckerstraße Nr. 7 befindet sich ein Haus vom Ende des 16. Jhs., das wegen seines Renaissance-Innenhofes berühmt ist, den ein jahrhundertealter Weinstock ziert. Nr. 8 ist das ehemalige Seilernhaus, das 1722 im Stile Hildebrandts erbaut worden war. Nicht weit von hier, in der Domgasse Nr. 8, können wir das Haus bewundern, in dem Mozart «Die Hochzeit des Figaro» komponiert hat. Der Komponist hatte von 1784 bis 1787 hier gewohnt. Haydn und Beethoven besuchten ihn hier. In der ehemaligen Mozartwohnung ist heute eine Gedenkstätte untergebracht.

JESUITENKIRCHE

Die Jesuitenkirche wurde zwischen 1627 und 1631 auf Wunsch des Kaisers Ferdinand II. hier errichtet, der mitten im Dreißigjährigen Krieg die Rolle der Gesellschaft Jesu, ein Symbol der Gegenreformation, hervorheben wollte. Da der Kongregation auch die Aufgabe verliehen worden war, sich um die Wiener Universität zu kümmern, ist die Kirche auch als Universitätskirche bekannt. Zwischen 1703 und 1705 änderte der Jesuitenmaler und Architekt Andrea Pozzo den Innenraum von Grund auf, fügte die Glockentürme mit ihren mächtigen Helmen hinzu und gab dem Gebäude sein heutiges Aussehen.

Mit den beiden hohen Türmen, die die Vorderfront eingrenzen, hat die Kirche ein typisch barockes Äußeres und ist auch im Inneren ein Triumph des Stils der Gegenreformation. Der tonnenartige Innenraum wurde von Pozzo durch den Einbau von Seitenemporen, die auf glatten und gewundenen Säulen stehen, hervorragend gestaltet. Dazu tragen auch die raumerweiternde Wirkung der von Pozzo gemalten Scheinkuppel und der Säulenbaldachin über dem Hochaltar bei. Der Ignaz-Seipel-Platz, auf den die Fassade der Jesuitenkirche geht, war jahrhundertelang der wissenschaftliche Mittelpunkt des Kaiserreiches. In dem Gebäudekomplex zwischen diesem Platz, der Bäckerstraße und der Postgasse hatte die Alte Universität ihren Sitz, die älteste deutschsprachige Hochschule, die Rudolf IV. 1365 nach Prager Vorbild gegründet hatte. Gegenüber der Alten Universität erhebt sich ein elegantes Gebäude, das einzige Beispiel des französischen Klassizismus in Wien, mit dessen Bau Maria Theresia den Architekten Jean Nicolas Jadot 1753 beauftragt hatte, um der Universität eine neue und geräumige Aula zu geben. Dieser prachtvolle Raum mit reichem Rokoko-Stuck, der heute als Festsaal dient, war von dem Römer Gregorio Guglielmi mit Fresken ausgemalt worden, die dann ein Brand 1961 zerstört hat. Paul Reckendorfer hat sie durch Kopien wieder ersetzt.

Jesuitenkirche: Fassade.

Jesuitenkirche: Kanzel. ▸

POSTSPARKASSE

Anfang dieses Jahrhunderts beschloß die österreichische Regierung, das Ringstraßenprojekt mit dem Stuben-Viertel am Endabschnitt der wichtigen Verkehrsader abzuschließen. Zwei große öffentliche Gebäude waren zur Akzentuierung des Stadtbezirks vorgesehen: das Kriegsministerium und das Postsparkassenamt. Otto Wagner, der sich schon seit längerem mit der Planung des ganzen Bezirks befaßt und Berge von Detailzeichnungen produziert hatte, beteiligte sich an den Wettbewerben für beide Komplexe. Für den Ministeriumsbau zog man einen ausgefalleneren Entwurf vor, doch konnte er sich beim Kreditinstitut placieren, einem Projekt, bei dem es ihm gelang, höchstes architektonisches Stilempfinden mit essentieller, strengliniger Eleganz zu verbinden. Dem Architekten geht es hier nicht darum, den monumentalen Charakter des Gebäudes durch Stilelemente der Vergangenheit zu prägen, er erreicht sein Ziel vielmehr durch die Zerlegung der Linien, die Vereinfachung der Zeichnung und den Einsatz neuer Materialien. Das zwischen 1904 und 1906 entstandene und 1912 erweiterte Gebäude weist völlig neuartige Dekorationselemente auf, wie etwa die «genagelte» Marmorplattenverkleidung, wobei die unzähligen Köpfe keine bauliche Funktion haben, da die Platten vorschriftsmäßig mit der Mauer verbunden sind. Auch für die Bekrönung des Gebäudes benutzte Wagner, nachdem er von der ursprünglichen Idee der Glaskuppel abrückte, ungewöhnliche Materialien wie Aluminium, mit dem die von Othmar Schimkowitz gestalteten Genienfiguren und der Dachabschluß ausgeführt sind.

MUSEUM FÜR ANGEWANDTE KUNST

Dieses erste Museum seiner Art auf dem Kontinent wurde 1864 als Österreichisches Kunstgewerbemuseum von Rudolf von Eitelberger gegründet, als Ausdruck der damaligen Vorstellung, daß die Kunst die gesamte Sphäre des menschlichen Lebens erneuern und alles umgestal-

Museum für Angewandte Kunst: Eingangshalle.

Museum für Angewandte Kunst: Saal mit Jugendstilmöbeln.

◄ *Georg-Coch-Platz mit dem Postsparkassenamt. Im Vordergrund das Coch-Denkmal.*

ten sollte, was der Mensch bisher geschaffen und benutzt hatte, ein Konzept, das auf die Realisierung des totalen Kunstwerks abzielte.
Das Museum und die angeschlossene Hochschule für Angewandte Kunst spielten lange Zeit eine entscheidende Rolle für die ästhetische Stilentwicklung des Handwerks im österreichisch-ungarischen Kaiserreich.
Das von Heinrich Ferstel entworfene Gebäude, das sich am Florentiner Renaissancestil inspiriert, obwohl das unverputzte Ziegelmauerwerk wenig mit florentinischer Architektur zu tun hat, wurde zwischen 1868 und 1871 im Zuge der Ringbebauung verwirklicht. Die Sgraffiti sind von Karl Karger, die Malereien von Ferdinand Laufberger.
An der Wand zwischen Museum und Hochschule befindet sich ein Brunnen mit einem Pallas Athene darstellenden Mosaik von Antonio Salviati aus dem Jahr 1873.
Das Museum birgt eine Fülle von Ausstellungsgegenständen verschiedenster Herkunft. Der Bogen spannt sich von romanischen und gotischen Webarbeiten bis zu italienischen, französischen und flämischen Gobelins und Perserteppichen; vom europäischen zum chinesischen Kunsthandwerk der Mingzeit (Porzellan, Glas, Majoliken, Spitzen, Goldschmiedearbeiten, Intarsien). Ein außergewöhnliches Schaustück ist ein Renaissanceportal aus der Kirche Santa Maria Novella in Florenz. Beachtenswert auch die Möbelsammlungen: Rokokomöbel, Kreationen von Künstlern der Sezession, Einrichtungsgegenstände im Empire- und Biedermeierstil

Stadtpark: Franz-Lehár-Denkmal, ein Werk des Bildhauers Franz Anton Coufal (1980). ▶

Stadtpark: Kursalon. ▶

Stadtpark: die Mündung des Wienflusses.

Stadtpark: Johann-Strauß-Denkmal.

DER STADTPARK

Er wurde nach einem Plan von Joseph Selleny durch den damaligen Bürgermeister Andreas Zelinka im Zuge der Neustrukturierung des Ring-Viertels angelegt und 1862 eröffnet. Der Park wird vom Wienfluß durchquert und ist mit seinem kleinen künstlichen See, der mit Pfauen und Schwänen bevölkert ist, eine der schönsten Parkanlagen der Stadt. Die Architektur des Haupteinganges, auf den die Lothringer Straße hinführt, mit dem Wienfluß-Portal stammt von Joseph Ohmann (1906) und ist im Sezessionsstil angelegt.
Der Park wird durch viele Statuen und Denkmäler verschönert, unter ihnen auch jenes von *Franz Schubert,* das Karl Kundmann 1872 unter Mitwirkung von Moritz von Schwind und Theophil Hansen schuf. Dann das berühmte Denkmal des «Walzerkönigs» *Johann Strauß* junior von Edmund Hellmer aus dem Jahr 1923. Die Bronzefigur des berühmten Wiener Komponisten, mit einer Geige dargestellt, befindet sich unter einem weißen Marmorbogen und wird von Reliefs geschmückt, die die tanzenden Wassernixen aus seinem berühmten «Donauwalzer» darstellen. Das Denkmal ist das rührendste Geschenk der Stadt Wien an seinen berühmtesten und geliebtesten Sohn: Strauß war ein wahrhaftiges Idol der Massen, und sein Ruhm übertraf sogar jenen des Kaisers. Ebenfalls im Stadtpark befindet sich der *Kursalon,* ein massiver Pavillon, erbaut von Johann Garben in den Jahren 1865 bis 1867, mit einem Café-Restaurant im Inneren.
Der Kursalon ist eine Art Tempel des Wiener Walzers: Hier finden sehr oft Tanzwettbewerbe und andere Tanzveranstaltungen statt.
Die Wiener Kaffeehaustradition mit ihrer gemütlichen, ruhigen Atmosphäre, in der man die Zeitung liest und einen Kaffee trinkt, ist eine der typischen Merkmale der Stadt Wien, die den Besucher faszinieren.

DIE KARLSKIRCHE

Diese bedeutendste Barockkirche Wiens hat ihr Entstehen einem Gelöbnis Kaiser Karls VI. zu verdanken. Nach der letzten großen Pestepidemie im Jahre 1713, an der etwa 8000 Menschen starben, sollte eine große Dankeskirche zu Ehren des Pestheiligen Karl Borromäus errichtet werden. Aus diesem Grund ließ der Kaiser auch am Giebel die Inschrift «Vota mea reddam conspectu timentium Deum» («Ich erfülle mein Gelübde im Angesicht derer, die Gott fürchten») anbringen. Die Bauarbeiten an der Karlskirche begannen nach Plänen von J. B. Fischer von Erlach im Jahr 1716, nachdem dieser bei einem Wettbewerb, der von Kaiser Karl VI. ausgeschrieben worden war, die beiden Konkurrenten Galli-Bibiena und Hildebrandt geschlagen hatte. Zu jener Zeit stand die Kirche auf einem Uferhang des Wienflusses als Blickpunkt in der Verlängerung von Herrengasse und Augustinergasse. Man sagt, daß Fischer v. Erlach die Idee zu der einmaligen Kirchenfassade mit den zwei einzelstehenden Säulen gekommen sein soll, nachdem er bei Sonnenuntergang in Rom vom Pincio aus die Peterskirche und die Trajanssäule als einheitliches Bild gesehen haben soll. Wo immer auch die Anregung herstammt, die der große Architekt hatte: es ist sicher, daß nur wenige Fassaden auf der Welt so charakteristisch sind. Sie besteht aus einem Mittelteil mit einer tempelähnlichen Vorhalle, einer hohen eiförmigen Kuppel und zwei breiten niedrigen Türmen an den Seiten. Vor der Fassade, gleich hoch wie die Kuppel, befinden sich die zwei Triumphsäulen, gleichsam als wollten sie den feierlichen Rahmen der Kirche unterstreichen. Sie sind 33 m hoch. Die Spiralreliefs auf den beiden Triumphsäulen wurden von 1724 bis 1730 von J. B. Mader, J. Schletterer und J. B. Straub geschaffen und stellen Szenen aus dem Leben des hl. Karl Borromäus dar. Das Giebelfeld der Fassade ist mit einem Relief von G. Stanetti geschmückt, welches das Ende der Pest symbolisiert. Das **Innere** wird beherrscht von der großen Kuppel, deren eindrucksvolles Fresko 1725 bis 1730 von Michael Rottmayr geschaffen wurde: Die Muttergottes unterstützt die Fürbitte des hl. Karl Borromäus bei Gott um Abwendung der Pest. Bemerkenswert sind auch eine *Himmelfahrt Mariens* von Sebastiano Ricci und eine *Heilige Elisabeth* von Daniel Gran als Altarblätter zweier Seitenaltäre. Auffallend ist das barocke Kirchengestühl, das sich in seiner Linienführung dem Grundriß der Kirche anpaßt.

Karlskirche: Vorderfront.

RESSELPARK

Im Zuge der städtebaulichen Neuordnung im Zusammenhang mit dem Ringstraßenprojekt legte man ab 1862 die Gärten vor der Karlskirche an. Da die Technische Universität in der Nähe liegt, benannte man die Anlage nach dem Wissenschaftler Josef Ressel (1793-1857), dem Erfinder der Schiffsschraube, dessen Denkmal von Anton Dominik Fernkorn im Park aufgestellt ist. Im Laufe der Zeit kamen weitere Denkmäler hinzu, die berühmten Männern, vor allem Erfindern, gewidmet sind, unter anderem eine Büste Josef Maderspergers (1768 bis 1850), des Erfinders der Nähmaschine, ein Werk von C. Philipp.
Am Rand des Parks, der den Karlsplatz säumt, steht das weiße Denkmal für Johannes Brahms (1833-1897), das der Bildhauer Rudolf Weyr schuf und das am 7. Mai 1908 eingeweiht wurde. Der große deutsche Musiker, der sich 1871 endgültig in Wien niederließ, wohnte bis zu seinem Tod in der Karlsgasse 4. Von 1872-1875 wurde ihm die Leitung der Konzerte der Gesellschaft der Musikfreunde übertragen.
Brahms sah sich, im Gegensatz zu den formauflösenden Tendenzen von Liszt und Wagner, als Erbe und Wahrer der überkommenen klassischen Formen. Virtuosität als Selbstzweck lehnte er ab und hielt in seinen Kompositionen am strengen symphonischen Charakter fest.

Resselpark: «Liegende Figur» von Henry Moore.

Resselpark: Denkmal für Johannes Brahms von Rudolf Weyr.

Technische Universität, Neubau.

KARLSPLATZ

Der Architekt und Städtebauer Otto Wagner (1841-1918) gilt ohne Zweifel als der Initiator der Erneuerung der österreichischen Architektur, und seine Ideen übten starken Einfluß aus auf die «Sezession», von der er sich trotz allem distanzierte. Der hochqualifizierte und erfolgreiche Architekt befaßte sich bald mit Forschungsaufgaben im Rahmen der Expansion der Stadt. Leider gelangte aus dieser Schaffenszeit nur das Stadtbahn-Projekt zur Ausführung, für Wagner der Schlüssel zu jeder sinnvollen Stadtplanung. Das Stadtbahnnetz wurde von 1894 bis 1901 gebaut. Wagner wurde zum Chefingenieur des Projekts ernannt und entwarf über 30 Stadtbahnstationen. Auch für die Überführungen und Tunnels zeichnete er verantwortlich. Jedes Detail, wie die Laternen und Geländer, ja selbst die Beschilderung führte er selbst aus, so daß man hier von einem Meisterwerk aus einem Guß sprechen kann. Wagner benutzte darüber hinaus die Gelegenheit zur Erprobung avantgardistischer Konstruktionstechniken und verwendete in großem Maße Eisen, auch als Dekorationselement.

Auch die Stadtbahnstation Schönbrunn (heute U-Bahnstation), die ausschließlich der Kaiserfamilie vorbehalten war, um Schloß Schönbrunn erreichen zu können, zeigt beispielhaft, wie dieses einfache Material in der Kuppelgestaltung einen besonderen Stellenwert erhält.

An den beiden Pavillons am Karlsplatz, die schlechthin als architektonische «Perlen» bezeichnet werden, wurde ebenfalls großenteils mit Eisen gearbeitet. Die im typischen Jugendstil erbauten Pavillons, deren Marmorverkleidung mit goldenen Blumenmotiven verziert ist, wurden 1978 zerlegt und vollständig restauriert. Einer der Pavillons dient noch heute als U-Bahn-Eingang, der andere ist ein Sommer-Café. Anläßlich des U-Bahnbaus in den siebziger Jahren unseres Jahrhunderts wurde der Platz durch den Dänen S. I. Andersson neu gestaltet. Vor der Karlskirche wurde ein kleiner See mit einer Plastik von Henry Moore angelegt.

DIE SEZESSION

Im letzten Jahrzehnt des vorigen Jahrhunderts mußten Malstudenten die Kaiserliche Akademie besuchen, in der jeder Neuerungsgedanke abgewiesen wurde und den angehenden Künstlern die Nachahmung der Vergangenheit nach streng formalistischen Prinzipien aufgezwungen wurde. Es verwundert daher nicht, daß sich die Studenten gegen eine solche Bevormundung wehrten: neunzehn von ihnen, unter Anführung von Gustav Klimt, verließen 1897 die Akademie und gründeten die «Vereinigung bildender Künstler der österreichischen Sezession». Die Sezessionisten sahen ihr Ziel vorrangig in der Schaffung eines neuen Stils. Diesen Gedanken faßten sie im Motto der Bewegung zusammen: «Der Zeit ihre Kunst, der Kunst ihre Freiheit». Klimt, sicher die herausragendste

Die Sezession.

Bronzegruppe «Marc Anton» von A. Strasser.

◂ *Karlsplatz: U-Bahn-Pavillon.*

Persönlichkeit des Kreises, legte den Akzent stets auf die «Freiheit» des Künstlers, indem er ein antidoktrinäres Verhalten an den Tag legte, was zur Folge hatte, daß die Werke der sogenannten «Künstler der Sezession» keine gemeinsamen Merkmale aufwiesen. Dies bedeutete jedoch nicht, daß dem jungen Künstlerbund ein festes Programm fehlte. Im Gegenteil, man gründete einen Sitz und eine periodische Zeitschrift für die Verbreitung der Idee («Ver Sacrum»). Joseph Maria Olbrich, einer der hervorragendsten Vertreter der neuen Kunstrichtung, schuf 1897/98 dieses Ausstellungsgebäude der Sezessionisten, eines der bedeutendsten Werke des Jugendstils: bemerkenswert vor allem die durchbrochene *Kuppel* aus vergoldetem Eisen, die einen Lorbeerbusch symbolisiert. Neben dem Pavillon das *Bronzedenkmal für Marc Anton,* das Artur Strasser 1899-1900 schuf. Dieses Werk eines Künstlers, der nicht der Sezessionsbewegung angehörte, zeugt von dem hohen Maß an Toleranz, dessen die Donaumonarchie auch fremden Ideen gegenüber fähig war.

LINKE WIENZEILE

Mit den beiden von Otto Wagner 1898 und 1899 entworfenen «sezessionistischen Häusern» an der Linken Wienzeile bricht der Architekt endgültig mit den Vorbildern der Ringstraße und tritt voll für die Sezessionsidee ein, nach welcher die Funktion des Gebäudes dessen Form bestimmt. Dies führt dazu, daß Wagner die unterschiedliche Zweckbestimmung der ersten Geschosse – Läden und Büros – im Gegensatz zu den oberen Wohnetagen nicht hinter einer einheitlichen Fassade verbirgt, sondern im Gegenteil diesen Unterschied hervorhebt, indem er zwei stark differenzierte Fassadenzonen schafft.
Haus Nr. 40 – das berühmte *Majolikahaus* – offenbart noch einmal die Vorliebe des Architekten für ungewöhnliche Materialien: Eisen für Säulen und Brüstung, Keramikfliesen mit wunderschönem floralen Motiv für die Fassadenverkleidung. Bei dem angrenzenden «Zinshaus» (Nr. 38) nutzt der Architekt das Eck an der Köstlergasse für eine zweigeteilte Fassadenrundung und setzt im letzten Geschoß eine luftige Loggia auf.

Das Majolikahaus.

Majolikahaus: Detail.

Linke Wienzeile Nr. 38, Detail. *Linke Wienzeile Nr. 38.* ▸

FLIESEN
BANK
BANKVEREIN

DAS PALAIS SCHWARZENBERG

Das Palais befindet sich hinter dem Denkmal der sowjetischen Armee an der südlichen Seite des Schwarzenbergplatzes, in dessen Mitte sich die Statue des gleichnamigen Siegers über Napoleon in der Völkerschlacht von Leipzig (1813) erhebt. Das Palais Schwarzenberg grenzt direkt an das Belvedere an. Bemerkenswert sind sein Ehrenhof, seine mächtigen Fassaden und vor allem die Aussicht auf das Stadtzentrum. Es vereint in sich die Stilelemente der zwei berühmtesten österreichischen Barockarchitekten: einerseits die Eleganz und Nüchternheit der Linienführung von Hildebrandt und andererseits die Ausdruckskraft der Formen von Fischer von Erlach.

Der Bau des Palais wurde 1697 im Auftrag von Fürst Franz Mansfeld-Fondi begonnen und ist ein Werk von Johann Lukas von Hildebrandt. Im Lauf des ersten Jahrzehnts des 18. Jahrhunderts wurden die Bauarbeiten unterbrochen, und Fürst Adam Schwarzenberg kaufte das noch unvollendete Palais im Jahr 1716 und betraute Johann Bernhard Fischer von Erlach mit der Fortsetzung der Bauarbeiten, die dessen Sohn Emanuel im Jahre 1728 abschloß.

In den weitläufigen, von Jean Trehet entworfenen Garten des Palais, der als einer der schönsten der Stadt angesehen wird, gelangt man über eine monumentale Treppe mit zwei Aufgängen, die einen Bogen um den Zentralkörper der Gartenfassade des Gebäudes bilden. Das untere Parterre des Gartens wird von vorzüglichen Skulpturen des Italieners Lorenzo Mattielli geschmückt.

Der Kuppelsaal, vermutlich von Johann Emanuel Fischer v. Erlach ausgestattet, wurde 1945 schwer beschädigt, die Fresken von Daniel Gran bis auf wenige zerstört. Heute wird das Palais teilweise als Hotel benützt.

SCHLOSS BELVEDERE

Der Komplex des Belvedere mit zwei Schlössern und großem Garten – einzigartiges Beispiel einer fürstlichen Residenz – wurde als Sommersitz des Prinzen Eugen von Savoyen erbaut, der in der siegreichen Schlacht von Zenta (1697) die Türken endgültig aus Mitteleuropa vertrieb. Der «Kaiser hinter den Kulissen», wie er wegen seines großen Einflusses am habsburgischen Hof genannt wurde, hatte bereits seit 1693 Grundstücke südlich der Stadtmauer an der nach Ungarn führenden Heerstraße (heute Rennweg) gekauft, doch erst im Jahre 1714 begann man mit den Bauarbeiten für das *Untere*

Die Fassade des Palais Schwarzenberg.

Blick vom Oberen Belvedere auf Wien. ▶

Belvedere, aber schon etwa ab 1700 mit der terrassenförmigen Gartenanlage.
Mit der Gartengestaltung beauftragte man Dominique Girard, die Ausführung übernahm der Garteninspektor Anton Zimmer, der die Arbeiten 1725 abschloß.
Dieser Park, der einen herrlichen Blick auf die Stadt bietet und viele Menschen bezaubert, stellt eine harmonische Verbindung zwischen den beiden Schloßbäuten dar, die sicherlich zu den Hauptwerken von J. L. von Hildebrandt zählen. Der bedeutende Architekt des österreichischen Barock verstand es hier, französische und italienische Einflüsse mit dem urwüchsigen Wiener Geist verschmelzen zu lassen.
Zwanzig Jahre vergingen vom Ankauf des Grundes bis zum Baubeginn. Schuld daran waren die finanziellen Schwierigkeiten, in denen Prinz Eugen steckte. Tatsächlich konnte der Prinz erst 1706 (mit der Ernennung zum Gouverneur der Lombardei und einem Einkommen von 150.000 Gulden) und später mit der Nominierung zum Generalstatthalter der Niederlande (25. Juni 1716) über feste Einkünfte verfügen.
Ursprünglich war nur das *Untere Belvedere* geplant, das in den Jahren von 1714 bis 1716 entstand, wie aus indirekten Quellen hervorgeht, da die Originaldokumente, ebenso wie das Archiv des Prinzen Eugen, verlorengingen.
Das Schloß, das dem Prinzen als Sommerresidenz dienen sollte, wurde von Hildebrandt als langgestreckter Pavillonbau mit erhöhtem Mittelkörper und schlichten Seitenflügeln konzipiert.
Das Innere wurde mit größter Sorgfalt eingerichtet. Man holte für die Ausgestaltung viele berühmte und hervorragende Maler und Bildhauer, die der gesamten Innenausstattung ein elegantes Gepräge gaben.
Die Räume im Unteren Belvedere beherbergen derzeit das Österreichische Barockmuseum mit bedeutenden Werken des 17. und 18. Jahrhunderts, die hier im Ambiente der damaligen Epoche besonders eindrucksvoll wirken.
Sehenswert ist vor allem der *Marmorsaal* mit der schweren roten Marmorverkleidung, die durch Stukkaturen und perspektivische Freskomalereien von Gaetano Fanti aufgelockert wird; die Decke schmückt eine der drei im Belvedere

Unteres Belvedere: Gartenfassade.

Unteres Belvedere: das ehemalige Schlafzimmer des Prinzen Eugen. In der Mitte «Apotheose Karls VI.» von G. R. Donner. ▶

Unteres Belvedere: zwei «Charakterköpfe» von Franz Xaver Messerschmidt. ▶

FRANZ XAVER MESSERSCHMIDT

Unteres Belvedere: der Marmorsaal mit den Originalfiguren des Providentia-Brunnens von Raphael Donner.

befindlichen *Apotheosen des Prinzen Eugen,* ein Werk von Martino Altomonte aus dem Jahre 1716.
Das Fresko zeigt den siegreichen Feldherrn nach der Schlacht von Peterwardein (1714) als Apoll auf dem Sonnenwagen. Der Saal enthält außerdem die Originale der Bleifiguren des Providentia-Brunnens am Neuen Markt, den Georg Raphael Donner von 1737 bis 1739 schuf.
Ein weiterer Raum von großem kunsthistorischem Interesse ist das an den Marmorsaal anschließende Schlafzimmer des Prinzen, wo noch die ursprüngliche Wandverkleidung erhalten ist. Wunderschön in diesem Zimmer die beiden Marmorwerke von Donner: ein Relief «Hagar in der Wüste» und die große Gruppe «Apotheose von Kaiser Karl VI.» sowie die ausdrucksstarken gerahmten Bleireliefs «Urteil des Paris» und «Venus in der Schmiede des Vulkan».
Im Groteskensaal (der nach den Freskenmotiven des Malers Jonas Drentwett benannt ist) sind einige der berühmten «Charakterköpfe» von Franz Xaver Messerschmidt zu sehen. Bei diesen meisterlich übertriebenen Physiognomien inspirierte sich der Bildhauer an Studien und Theorien des Schweizers Joh. Kaspar Lavater und seiner Physiognomik, die den Charakter des Menschen zu seinen Gesichtszügen in Beziehung setzten.
In der anschließenden *Marmorgalerie*, wo roter Marmor als dekoratives Element zur Einfassung der weißen Stuckflächen und Statuen eingesetzt wurde, finden sich zwei weitere Werke von Messerschmidt: die Bleifiguren der Kaiserin Maria Theresia und ihres Gemahls Franz Stephan.
Wunderschön auch der *Spiegelsaal* oder Goldene Saal (so genannt wegen der kostbaren Wandvertäfelung, die unter Maria Theresia im Rokokostil verändert wurde), in dem eine weitere «Apotheose des Prinzen Eugen» ausgestellt ist: ein Marmorbildnis von Balthasar Permoser in reinstem österreichischem Hochbarock aus den Jahren 1718 bis 1721. In dem vom Prinzen überwältigten Türken stellte sich der Künstler selbst dar.

Unteres Belvedere: Goldkabinett, die Apotheose des Prinzen Eugen von B. Permoser (1721). ▶

In den späteren Jahren beschloß Prinz Eugen, die Panoramalage zu nutzen und auf der Hügelspitze ein zweites Schloß -das *Obere Belvedere* - zu errichten, das ausschließlich Repräsentationszwecken und den häufig veranstalteten rauschenden Festen dienen sollte.
Der Entwurf dazu, mit dem man Hildebrandt beauftragte, gelangte rasch zur Ausführung (1721-1722). Der Prinz zeigte sich ungeduldig und trieb den Planer ständig zur Eile an, ein Umstand, über den sich der Architekt in einem Brief an einen Freund beklagt. Johann Lukas

EVGENIVS
DVX INVICTISSIMVS.

von Hildebrandt (1668-1745), unter Freunden Gianluca genannt, war aus Genua gebürtig, trat in die kaiserliche Armee ein und hatte bereits während des Italienfeldzuges 1695 bis 1696 als Festungsbaumeister mit Eugen zusammengearbeitet. In Wien konnte er sich als Architekt schnell profilieren, bekam Aufträge des Kaiserhauses und wurde 1700 kaiserlicher Hofarchitekt.

Der von Hildebrandt konzipierte Schloßbau läuft stufenförmig auf den besonders akzentuierten Mitteltrakt zu und ist von vier achteckigen Pavillons flankiert. Er wird von einem wunderschönen, phantasievoll gegliederten Kupferdach gekrönt, das auf den vier Eckpavillons türkischen Rundzelten ähnlich ist. Von Eugen wird berichtet, daß er

◀ *Oberes Belvedere: Hauptfassade und Gartenfront.*

Oberes Belvedere: die sog. «Sala terrena» mit den gewölbetragenden Atlanten; unten der Marmorsaal.

angesichts der Pläne, die «Gianluca» ihm erläuterte und dabei schilderte, wie er nicht nur ein Schloß «bauen», sondern dieses gleichsam aus der Landschaft «herausmodellieren» wolle, ausgerufen habe: «Dieser Rhythmus ist faszinierend. Ihr habt einen architektonischen Traum eingefangen».

Auch dieses Schloß wurde im Innern prunkvoll ausgestattet. Gaetano Fanti, Carlo Carlone, Martino Altomonte und Giacomo del Po schufen die Fresken und Bilder, Santino Bussi ist der Schöpfer der aufwendigen Stuckarbeiten, die aber im 19. Jh. verändert wurden. Wunderschön ist die Eingangshalle, die sogenannte *Sala terrena,* deren Decke von vier Pfeilern in Form von mächtigen Atlanten getragen wird. Diese architektonische Lösung geht auf Ende 1732 zurück, als die inzwischen morsche und baufällige Eichendecke ersetzt werden mußte. Ein indirekter Hinweis auf den zeitlichen Druck, unter dem Hildebrandt arbeiten mußte.

Sehenswert ist der *Große Marmorsaal* im ersten Stockwerk mit einer weiteren *Apotheose des Prinzen* an der Decke, ein Beweis, daß die Verherrlichung des Auftraggebers jenseits aller sinnvollen Grenzen vornehmliche Aufgabe der Künstler jener Zeit war. In diesem Saal kam es am 15. Mai 1955 zur Unterzeichnung des «Österreichischen Staatsvertrags», mit dem der damals zehnjährigen Besatzung Österreichs durch die Alliierten – Russen, Franzosen, Engländer und Amerikaner – ein Ende gesetzt wurde.

Für den Garten, dem die Südfassade des Schlosses zugewandt ist, suchte Hildebrandt nach einer ungewöhnlichen Lösung, indem er ein riesiges Becken entwarf, so daß die Palastfront auf dieser Seite niedriger und eleganter wirkt.

Nach dem Tode des Prinzen Eugen erbte Victoria von Savoyen Schloß

Oberes Belvedere: Porträt der Sonja Knips von Gustav Klimt (1898).

◂ Oberes Belvedere: Admiral Tegetthoff in der Schlacht von Lissa, ein Werk von Anton Romako (um 1880).

◂ Oberes Belvedere: Judith, ein Werk von G. Klimt (1904).

Belvedere, die es dem Hause Habsburg verkaufte. Kaiser Josef II. ließ hier die kaiserliche Gemäldegalerie unterbringen, die 1891 dem Kunsthistorischen Museum zugeführt wurde. Später bewohnte der Thronfolger, Erzherzog Franz Ferdinand, der in Sarajewo ermordet wurde, das Schloß.
Heute beherbergen die schönen Säle des Oberen Belvedere die *Österreichische Galerie des 19. und 20. Jahrhunderts,* die einen umfassenden Überblick über das österreichische Kunstschaffen vom frühen Klassizismus bis zur Gegenwart vermittelt.
Die Ausstellung informiert wie keine andere in Wien über die Malerei des Biedermeier und der Sezessionisten in Österreich. Die Biedermeierzeit ist repräsentiert durch Ferdinand Georg Waldmüller (1793-1865), durch Jakob von Alt (1789-1872), Rudolf von Alt (1812-1905), durch Friedrich von Amerling (1803-1887),

Friedrich Gauermann (1807-1862), Moritz Michael Daffinger (1790-1849). Ferdinand Georg Waldmüller, der Szenen aus dem Alltagsleben sowohl der bürgerlichen Schicht als auch des Proletariats bevorzugt, nimmt eine herausragende Stellung ein. Die Ringstraßenzeit wird hauptsächlich vertreten durch Hans Makart (1840-1884) und Anton Romako (1832-1889).
Makart und Romako waren ausgezeichnete Porträtisten. Der sog. «Makartstil» ist die Bezeichnung für das Schwülstige und Überladene seiner Bilder. Große Popularität erlangte er auch durch seine Historienbilder, pompöse Ausstattungsstücke mit neobarockem Pathos. Er hat mit seiner Kunst das Zeitgefühl der aufsteigenden Bourgeoisie hervorragend charakterisiert und interpretiert. Von den Sezessionisten, die sich in offenen Gegensatz zur offiziellen Ringstraßenkunst stellten und sich im Streit mit ihr entwickelten, enthält die Galerie eine reichhaltige Sammlung. Vor allem Gustav Klimt (1862-1918), Egon Schiele (1890 bis 1918) und Koloman Moser (1868-1918) sind mit berühmten Gemälden vertreten. Von Anton Hannak (1875-1934) werden einige Plastiken gezeigt.
In der ehemaligen Orangerie, einem Nebengebäude des Unteren Belvedere, sind gotische Gemälde und Skulpturen des 15. Jahrhunderts ausgestellt. Man kann hier u. a. Werke von Roland Frueauf d. Ä., von Michael Pacher, vom Meister des Albrechtsaltars und des Wiener Schottenaltars sehen.

Belvedere, Orangerie: Maria und Josef, ein Werk von Hans Klocker (1486-1490).

SCHÖNBRUNN

Schloß Schönbrunn – ein Spiegelbild von Versailles: Die Habsburger taten es den Bourbonen gleich. Aus diesem Rivalitätsdenken und Nachahmungsgeist heraus entstand der großartige Komplex von Schönbrunn mit dem herrlichen Schloßpark, in dem sich der Prunk des österreichischen Hofes und des barocken Zeitgeschmacks beispielhaft ausdrücken.
Anfang des 14. Jahrhunderts besaß das Stift Klosterneuburg hier ausgedehnte Ländereien, zu denen auch eine befestigte Mühle, die sogenannte «Katterburg», gehörte.
Im Jahre 1569 erwarb Kaiser Maximilian II. das Anwesen als Jagdrevier und baute die Mühle in ein Jagdschloß um.
Der Überlieferung nach entdeckte der 1612 gekrönte Kaiser Matthias in den ersten Tagen seiner Regierung bei einem Jagdausflug eine Quelle, aus der reinstes Wasser floß und der er den Namen «Schönbrunn» gab.
Nachdem das Jagdschlößchen zuvor bereits mehrmals beschädigt worden war, wurde es während der Türkenbelagerung 1683 endgültig zerstört.
Nach dem Sieg über die Türken begann für die Kaiserstadt Wien die Zeit eines glanzvollen Aufstiegs. Kaiser Leopold plante auf dem Jagdgelände eine große Schloßanlage für sich und seinen Erbsohn Josef I. Er beauftragte mit dem Entwurf seinen Lieblingsarchitekten und damals berühmtesten Baumeister, Johann Bernhard Fischer von Erlach, der ein großartiges Projekt vorlegte, das die französische Schloßanlage von Versailles an Monumentalität und szenischem Effekt noch übertraf. Diesem ersten Entwurf nach sollte das Schloß die Anhöhe einnehmen, auf der heute die Gloriette steht, und der Abhang sollte in Form eines sanft abfallenden Rampen- und Terrassensystems angelegt werden.
Und gerade hierin lag der wesentliche Unterschied zu Versailles: Während das Schloß Ludwigs XIV. sich nicht in einer landschaftlich exponierten Lage befindet und somit eine ideale Verbindung zu dem davorliegenden Ort schafft, sollte im Palast Leopolds, durch die isolierte Position, das Majestätische und die Distanz zu allem Bürgerlichen zum Ausdruck kommen. Aber trotz des großen Wohlstands, der zu jener Zeit am Hof herrschte, konnten sich die österreichischen Finanzen nicht mit den französischen messen, und Fischer von Erlach mußte auf Anraten des Kaisers den Entwurf abändern, indem er ihn völlig umkehrte. Das Schloß wurde an den Fuß des Hügels verlegt, und der Park erstreckte sich in Richtung Anhöhe bis zum auf der Höhe befindlichen Aussichtspunkt, dem einzigen unveränderten Element der ursprünglichen Idee.
Von Versailles wird jedoch das Konzept für die weitläufige Parkanlage übernommen, die auch hier nach französischem Vorbild zur Architektur wird: strahlenförmig angelegte, sich überschneidende Wege, Blumenrabatten, Wasserbassins und Statuen aus dem mythologischen Themenkreis als künstlerische Akzente.
Die Bauarbeiten begannen im Jahr 1695. 1713 waren der Mitteltrakt und die beiden Seitenflügel fertiggestellt.

Schönbrunn: Hauptfassade.

Es folgte eine Unterbrechung unter Kaiser Karl VI., der wenig Interesse am Schloßbau zeigte. Erst Maria Theresia ließ die Arbeiten wieder aufnehmen. Johann Emanuel Fischer von Erlach setzte dem ganzen Komplex neue, steilere Dächer auf, nachdem die flachen Dächer nicht standgehalten hatten. Nikolaus Pacassi gestaltete das Schloß im Äußeren und Inneren weitgehend um. Er zog im Mittelbau ein weiteres Geschoß ein und durchbrach ihn im Erdgeschoß durch eine Pfeilerhalle. Der neue Rokokogeschmack nahm dem überladenen Stil etwas von seiner Schwere und ließ insgesamt eine heiter ausgewogene Atmosphäre entstehen.
Zwischen 1816 und 1819 erfuhr die Fassade, vor allem die Gartenfront, beachtliche Veränderungen nach einem eher «klassizistischen» Entwurf des Architekten Johann Aman. Die schweren Bombenschäden von 1945 machten eine globale Restaurierung des Schlosses notwendig, und die unmittelbar nach Kriegsende begonnenen Arbeiten zogen sich bis 1952 hin.
Den weiten Ehrenhof, auf den die Fassade mit doppelter Freitreppe blickt, zieren zwei Becken mit schönen allegorischen Gruppen aus dem Jahr 1776: links die Flüsse Donau, Inn und Enns von Johann Baptist Hagenauer, rechts das Königreich Galizien und Lodomerien sowie das Fürstentum Siebenbürgen, ein Werk von Franz Anton Zauner.
Trotz der gewaltigen Ausmaße strahlt Schönbrunn eine fast schlichte freundlich-anmutige Atmosphäre aus, der jeder übermäßige Prunk und jener grenzenlose Luxus, wie er in Versailles anzutreffen ist, fehlen.
Die 1440 Zimmer des Palastes, heute zum Teil Museum und zum Teil Verwaltungsräume, sind reich an Geschichte. Hier wurden die beiden Hochzeiten Kaiser Josefs II. mit Isabella von Parma (1760) und Maria

Brunnen mit den Allegorien der Kronländer von F. A. Zauner (1776).

Brunnen mit Flußallegorien von J. B. Hagenauer (1776).

Blick in die «Berglzimmer». ▸

Maria Theresia. Gemälde von Martin van Meytens.

Das Rösselzimmer. ▶

Das Arbeitszimmer des Erzherzogs Franz Karl. ▶

Josephine von Bayern (1765) gefeiert. Napoleon Bonaparte, der Wien 1805 besetzte, richtete sein Hauptquartier im Schloß ein, wo er sich 1809, anläßlich der Unterzeichnung des Friedens von Schönbrunn, noch einmal fast sechs Monate lang aufhielt. Hier wohnte und starb sein Sohn, der pathetische und unglückliche König von Rom, dem sein österreichischer Großvater den Titel Herzog von Reichstadt gab. Kaiser Franz Josef erblickte in diesem Schloß das Licht der Welt, und hier starb er auch. Und hier in Schönbrunn endete schließlich mit der Verzichterklärung Kaiser Karls am 11. November 1918 das Habsburgerreich.
Aber das *Innere* von Schönbrunn ist nicht nur Geschichte: Seit der Zeit Maria Theresias blieb die wertvolle Einrichtung im Rokokostil mit reichen Goldstukkaturen, kostbarem Mobiliar, Gobelins und Wandspiegeln im wesentlichen unverändert.
Schlicht und maßvoll wirken dagegen das Appartement des letzten Kaiserpaares und insbesondere die Räume, die Franz Josef, der «Alte Kaiser», wie die Österreicher ihn vertraulich nennen, bewohnt hatte.
Einen ersten Eindruck von der Schönheit der Innengestaltung vermitteln die sogenannten «Berglzimmer», eine Reihe kleinerer Räume im Erdgeschoß des Schlosses. Bei einer Restaurierung der alten Wandbehänge kamen 1891 phantastische Freskenlandschaften ans Licht, die der Böhme Johann Bergl um 1780 gemalt hatte, ein typisches Beispiel für jene Richtung des Rokoko, die mit Vorliebe Sujets aus der Flora und Fauna wählte. Maria Theresia benutzte die Räume, um der Sommerhitze im oberen Stockwerk zu entfliehen.
Über die «Blaue Stiege» gelangt man ins Obergeschoß, wo sich eine überwältigende Zimmerflucht erstreckt.
Vor allem beeindruckt das *Rösselzimmer,* das die Brüder Hamilton, «Hofmaler für Tiersujets», meisterlich ausgestalteten. Neben Darstellungen von Prachtexemplaren aus den kaiserlichen Reitställen, auf Kupfer gemalt und in die Täfelung eingelassen, kann man Jagdszenen Kaiser Josefs I. aus der Gegend von

Das Vieux-Laque-Zimmer.

Das Millionenzimmer. ▸

Die Große Galerie.

◄ *Das Chinesische Kabinett.*

Marchegg sehen. Ausgesprochen behaglich wirkt das relativ schlicht eingerichtete *Arbeitszimmer des Erzherzogs Franz Karl,* des Vaters von Franz Josef, mit einem schönen Gemälde aus der Schule van Meytens, auf dem die Kaiserin Maria Theresia und Franz Stephan im Kreise ihrer Kinder auf einer imaginären Terrasse vor dem Ehrenhof von Schönbrunn dargestellt sind.
Sehr eindrucksvoll ist auch das *Vieux-Laque-Zimmer* mit ostasiatischen Lacktafeln, die, um sie vor Staub zu schützen, zum Teil auf hoher See gemalt wurden. Ein herrlicher, eingelegter Parkettboden ziert dieses Prachtzimmer.

Die Vertäfelung, die Isidor Canevale eigens für die zuvor erworbenen Paneele entwarf, wird durch drei Bildnisse von Persönlichkeiten des Hauses Habsburg aufgelockert.
Zwei der Gemälde stammen von Pompeo Batoni und stellen Franz Stephan von Lothringen und die Zusammenkunft Josefs II. mit seinem Bruder Leopold, Großherzog der Toskana, in Rom dar. Diese beiden Söhne Franz Stephans prägten als spätere Kaiser die Geschichte Österreichs mit. Der scharfsinnige und ehrgeizige Josef begann eine großangelegte Reformpolitik, die seiner Zeit weit vorausgriff; Leopold, ein sehr edler und ausgeglichener Herrscher, verließ nach 25 jähriger, vorbildlicher Regierung das Großherzogtum Toskana und folgte seinem Bruder auf dem Thron.

Der kostbarste Raum im Schloß ist das sogenannte *«Millionenzimmer»* (über 1 Million Gulden soll die Einrichtung gekostet haben). Der mit Ficatinholz vertäfelte Raum ist mit indopersischen Miniaturen des 17. Jahrhunderts geschmückt, die in goldverzierten Rokokorahmen gefaßt sind. Die Marmorbüste in der Ecke, ein Werk von Giuseppe Ceracchi, stellt Marie Antoinette, die Tochter Maria Theresias, im Alter von 16 Jahren dar.
Ein weiteres Juwel des Schlosses ist das kleine *Chinesische Rundkabinett* - mit seinen Pendant, dem Ovalkabinett. Das runde Kabinett war Geheimbesprechungszimmer von Kaiserin Maria Theresia. Auch hier enthält das Tafelwerk kostbar lackierte und vergoldete Paneele; auf kleinen Wandkonsolen stehen

Das Schlafzimmer von Franz Josef.

◂ *Das Schlafzimmer von Franz Josef und Elisabeth.*

◂ *Das Arbeitskabinett von Franz Josef.*

weißblaue Vasen aus chinesischem Porzellan.

Majestätisch und wunderschön in der klaren Gliederung – vor allem im Vergleich zu den anderen Räumen – wirkt die *Große Galerie,* ein riesiger Festsaal für repräsentative Anlässe.

Die Deckenfresken von Gregorio Guglielmi verherrlichen in Allegorien das Regentenpaar. In der Mitte sind Personifizierungen der unterworfenen Länder dargestellt, die dem Kaiserpaar huldigen, an den Seiten der Triumph des Krieges und des Friedens. In diesem Saal hörte Kaiserin Maria Theresia der Konzertmusik eines kleinen sechsjährigen Knaben zu: Wolfgang Amadeus Mozart.

In zurückhaltendem Biedermeierstil sind dagegen die Appartements des letzten «Hausherrn» Franz Josef gehalten. Der Kaiser wurde am 18. August 1830 in einem Zimmer neben dem Arbeitskabinett seines Vaters, Franz Karl, geboren und verbrachte einen Großteil seines Lebens in Schönbrunn. Das treffliche Gemälde von Franz von Matsch im Arbeitszimmer des Kaisers zeigt den achtundsechzigjährigen Herrscher am Schreibtisch – das Bild eines pflichtgetreuen Monarchen und unermüdlichen Arbeiters, Inbegriff des ersten Dieners des Staates.

Auch das angrenzende *Schlafzimmer* ist Ausdruck des spartanischen Lebensstils des Kaisers: Ein nüchternes Eisenbett, einige Sessel und eine schlichte Kommode stellen die ganze Einrichtung dar. In diesem Bett starb Franz Josef am 21. November 1916 nach achtundsechzigjähriger Regentschaft, ein Kaiser, der in seinem Stolz und übersteigerten Pflichtbewußtsein angesichts der ihm übertragenen Mission auch in seiner letzten Stunde die Einsamkeit vorzog.

Das große Gemälde von Matsch stellt die *«Gratulation der deutschen Fürsten zum 60jährigen Regierungsjubiläum Franz Josefs I.»* dar.

Das Schlafzimmer von Franz Josef und Elisabeth spiegelt etwas von dem traurigen Schicksal dieses Mannes wider, dessen wunderschöne Gemahlin, die er über alles liebte, die düstere und drückende Atmosphäre am Hof nicht zu ertragen vermochte.

◄ *Schönbrunn: die Gartenfassade.*

◄ *Schönbrunn: der Hügel mit der Gloriette.*

Schönbrunn: Najadenbrunnen.

Schönbrunn: die Römische Ruine.

Beim Betreten des Schloßparks an der Rückseite des Palastes bietet sich dem Besucher ein überwältigender Blick: Der breite Gartenstreifen in französischem Stil, unterbrochen durch den Neptunbrunnen, geht in den leicht ansteigenden Rasen über, der mit einer luftigen Loggia, der sogenannten Gloriette, abschließt. Hinter hohen, wandartig beschnittenen Baumhecken verbirgt sich ein Wald mit Fontänen und Statuen.

Den Hauptentwurf für den Garten, der 1705 bis 1706 angelegt wurde, schuf der Franzose Jean Trehet. Ein halbes Jahrhundert später veranlaßte Kaiserin Maria Theresia, dank ihres neuerwachten Interesses für das Schloß, ein Projekt zur Verschönerung des Parks, für das Fürst Anton Wenzel Kaunitz das Thema lieferte: eine historisch-mythologische Darstellung der Natur, die auch Lehrzwecken dienen sollte. Ferdinand von Hohenberg erhielt 1765 für die Umgestaltung den Auftrag, und 1773 begann Johann Wilhelm Beyer, zusammen mit anderen Bildhauern, mit der Ausführung der Gartenstatuen, die 1781 aufgestellt wurden.

Dennoch zögerte Maria Theresia, auf der Anhöhe die von Hohenberg entworfene Loggia errichten zu lassen. Am 3. März 1773 schrieb sie noch an ihre Tochter Marie Antoinette: «Die Veränderungen auf dem Hügel von Schönbrunn existieren nur auf dem Papier und werden niemals ausgeführt». Erst 1775 gab die Kaiserin ihre Zustimmung und genehmigte auch die anderen geplanten Arbeiten: die Römische Ruine und den Neptunbrunnen.

Die Gloriette, ein Denkmal zur Erinnerung an den Sieg über Friedrich den Großen bei Kolin (18. Juni 1757), nach dem die Preußen gezwungen waren, Böhmen zu verlassen, ist ein leichtes transparentes Gebilde. Sie steht als Heldengedenkhalle an dem Platz, an dem das Schloß geplant war.

Eindrucksvoll und zugleich kurios wirkt die mitten im Wald verborgene *Römische Ruine,* die sich an antiken Vorbildern – einem in der Barockkunst bevorzugten Thema – inspiriert. Vor einer mächtigen Arkade erhebt sich aus dem Schilf eines sandgefüllten Beckens eine Statuengruppe, welche die Vereinigung der Flüsse Moldau und Elbe symbolisiert.

Die Neugestaltung des Parks, wie von Hohenberg sie konzipierte, sah auch zwei Najadenbrunnen an den Schnittpunkten der großen Seitenalleen vor. Für den westlichen wählte er ein sternförmiges Bassin, das sich vormals am Fuß der rückwärtigen Treppe befand.

Ganz in der Nähe der «Römischen Ruine» steht in einer künstlichen Grotte, die Kaiserin Maria Theresia anlegen ließ, eine Skulptur von Wilhelm Beyer: die Quellennymphe Egeria, die legendäre Ratgeberin des zweiten Königs von Rom, Numa Pompilius, die das Wasser des «Schönen Brunnens» fließen läßt.

Mit der Fertigstellung des Neptunbrunnens im Jahr 1780 war die Parkanlage in der Form abgeschlossen, wie wir sie noch heute bewundern können.

Schönbrunn: die Nymphe Egeria von Wilhelm Beyer.

Schönbrunn, Wagenburg: Krönungs- und Zeremonienwagen des Wiener Hofes. Vermutlich 1763 für Kaiser Franz I. Stephan gebaut. ▸

WAGENBURG

In einem Seitengebäude von Schloß Schönbrunn, das Anfang der siebziger Jahre vollkommen restauriert wurde, ist der kaiserliche Kutschenpark untergebracht, der zu den Sammlungen des Kunsthistorischen Museums gehört. Hier sind Beispiele sämtlicher Transportmittel des kaiserlichen Hofes aus der Zeit vom 18. Jahrhundert bis zum Ende des Herrscherhauses zu sehen. Unter den zahlreichen kostbaren Exponaten verdient der um 1763 für Franz I. Stephan gebaute Imperial-Wagen besondere Beachtung, der 1764 anläßlich der Krönung Kaiser Josefs II. in Frankfurt eingeweiht wurde. Beeindruckend ist auch der kaiserliche Trauerwagen, der 1876/77 in der Hofwerkstatt gefertigt wurde und den Begräbnissen von Mitgliedern des Herrscherhauses vorbehalten war: er geleitete Rudolf, Elisabeth und zuletzt Franz Josef zur letzten Ruhestatt.

Schönbrunn, Wagenburg: Privatkutsche von Franz I., um 1815 entstanden.

ST. MARXER-FRIEDHOF

Ein wenig abseits von den Hauptverkehrsstraßen gelegen und fast erdrückt von der Brücke der Stadtautobahn liegt der St. Marxer-Friedhof, der bis 1874 als Grabstätte benützt wurde. Heute gleicht er eher einem Park als einem Friedhof, besonders im Mai, wenn Hunderte von blühenden Fliederbüschen den melancholischen Zauber dieses Ortes noch erhöhen. Illustre Persönlichkeite, wie der Bildhauer Georg Raphael Donner, sind auf dem Friedhof beigesetzt. Berühmtheit erlangte er jedoch durch das Grab von Wolfgang Amadeus Mozart. Der große Salzburger Musiker starb 1791 im Alter von 35 Jahren. Sein Begräbnis war keineswegs eine Arme-Leute-Bestattung, sondern die damals übliche Art der Beerdigung, bei der normalerweise vier Verstorbene verschiedener Herkunft in ein Grab gelegt wurden. Ein weinender Engel in gekünstelter Pose bezeichnet heute die mutmaßliche Begräbnisstätte des großen Komponisten, dessen sterbliche Überreste niemals gefunden wurden.

ZENTRALFRIED HOF

Die rapide städtebauliche Entwicklung Wiens im 19. Jahrhundert machte die Schaffung eines neuen Stadtfriedhofes in einem der Randgebiete, dem damaligen Vorort Simmering, notwendig.
1865 lieferten die Architekten Bluntschi und Mylius den Entwurf, der 1874 zur Ausführung kam. Der Zentralfriedhof orientiert sich in der Großzügigkeit seiner Anlage am Stil der Ringstraße. Die wichtigsten Bauelemente, wie der monumentale Eingang und vor allem die imposante Kirche im Jugendstil (1907-1910), die in der Achse des mittleren Tores (Haupttor) steht, entwarf der

St. Marxer-Friedhof: Grabdenkmal für Mozart.

Zentralfriedhof: Kirche.

Zentralfriedhof: Grabmäler für Johannes Brahms und Johann Strauß.

Architekt Max Hegele. Sie ist ein mit einer mächtigen Kuppel überwölbter Zentralbau und der Mittelpunkt des Friedhofes. In der Krypta ist der berühmteste Wiener Bürgermeister Karl Lueger beigesetzt. Vor der Kirche befindet sich in einer kreisrunden Anlage die Begräbnisstätte der österreichischen Bundespräsidenten.
Ebenfalls an der Hauptallee, links und rechts der Anlage für die Bundespräsidenten, liegen die Grabstätten großer Österreicher der Gegenwart. Hier sind die Exponenten des politischen und kulturellen Lebens des Landes beigesetzt. Etwa 150 Meter linker Hand vor der Kirche, an der Hauptallee, liegen, in kreisförmiger Anordnung, auch die Gräber der großen Komponisten: Ludwig van Beethoven, Johannes Brahms, Johann Strauß, Vater und Sohn, und viele andere bis hin zu Hugo Wolf.

KIRCHE AM STEINHOF

Otto Wagner schuf dieses Meisterwerk des Jugendstils von 1904 bis 1907 als Anstaltskirche der regionalen Heilanstalt Niederösterreichs, heute Psychiatrische Klinik von Wien. Mit dieser dem hl. Leopold geweihten Kirche qualifizierte sich Wagner als ein moderner Architekt, der Funktion und Funktionalität des Gebäudes gleichermaßen Rechnung zu tragen wußte. Indem er sich genauestens mit der Problematik der künftigen Benutzer auseinandersetzte, suchte er nach Lösungen, die ihren speziellen Ansprüchen voll entgegenkamen. Die Kirche besticht schon von weitem durch die Kupferkuppel und die kompakte Struktur. Der schlichte, fein durchgezeichnete Bau ist ganz mit weißen Marmorplatten verkleidet, die mit Sichtnägeln befestigt sind, ein Dekorationsmotiv, das der Architekt bereits bei der Postsparkasse verwendet hatte. Der lichterfüllte Innenraum wird durch kunstvolle mehrfarbige Glasfenster beleuchtet, die nach einem Entwurf von Kolo Moser ausgeführt wurden. Das große Mosaik hinter dem Hochaltar ist ein Werk von Rudolf Jettmar.

St. Leopoldskirche am Steinhof.

St. Leopold am Steinhof: Mosaik am Hochaltar.

HEERES-GESCHICHTLICHES MUSEUM

Nachdem in der 1848er Revolution von den Aufständischen das alte Zeughaus gestürmt worden war, beschloß Kaiser Franz Josef, ein verteidigungsfähiges, festungsartiges Artillerie-Arsenal und Waffendepot auf einer Anhöhe außerhalb der Stadt zu errichten. Es entstand ein militärischer Riesenbau von 688 x 640 m. Siccardsburg und van der Nüll, die Erbauer der Staatsoper, waren die Architekten. Im Innern des neuen Arsenals, das unweit des Belvedere entstand, baute man nach Plänen von Theophil Hansen ein Gebäude, in dem das Heeresgeschichtliche Museum Österreichs Aufnahme fand. Die Sammlungen bieten einen umfassenden Überblick vom Dreißigjährigen Krieg (1618-1648) bis zum Ersten Weltkrieg.

Heeresgeschichtliches Museum: Fassade, Vorhalle und Saal des 17. Jahrhunderts.

Hundertwasserhaus. ▸

HUNDERT-WASSERHAUS

Wien hat eine große Tradition im sozialen Wohnungsbau. Es lag deshalb nahe, einen modernen Künstler zu engagieren, der in völliger Freiheit ein Miethaus seinen Vorstellungen gemäß entwerfen konnte. Das Hundertwasserhaus im 3. Bezirk, Ecke Kegelgasse/Löwengasse, ist ein eigenständiger Beitrag zur Stadterneuerung geworden. Hundertwasser wollte den Dialog mit der Natur als gleichberechtigte Partnerin wiederherstellen. Deshalb gibt es viele Pflanzen und Bäume auf Dächern, Balkonen und Terrassen. Das Haus, 1985 nach zweijähriger Bauzeit fertiggestellt, besticht durch den Mut zum Experiment und die vielen skurrilen Einfälle seines Erbauers: seine Buntheit, die lebendige, nicht perfekt glatte Außenwand mit zahlreichen Fenstervarianten usw. 5 Minuten Gehzeit entfernt, in der Unteren Weißgerberstr. 13, befindet sich das KunstHaus Wien, ein Hundertwasser-Museum mit vielen Gemälden des Meisters. Dieses Museum ist ein «Bollwerk gegen eine falsche Ordnung der geraden Linien», sein hügeliger Fußboden eine «Melodie für die Füße».

PRATER

Der Prater, ein ehemaliges Jagdrevier der Habsburger, ist heute ein riesiger Volkspark, der ein Gelände von über 1700 Hektar zwischen Donau und Donaukanal einnimmt. Josef II. gab die Anlage 1766 für die Öffentlichkeit frei, und sogleich füllte sich die Hauptallee mit Fleischbratereien, Käshändlern und Krapfenbäckern.
Im Jahr 1843 übernahm Lothar Abel eine Neugestaltung des Geländes, auf dem 30 Jahre später die bis dahin größte internationale Messe veranstaltet werden sollte. Wien und das Kaiserreich nahmen die Ausstellung zum Anlaß, sich der Welt als Industriemacht vorzustellen.
Es wurde ein Fiasko. Neun Tage nach der Eröffnung der Weltausstellung (1. Mai 1873) zwang der fatale Wiener Börsensturz die Wirtschaft des Landes in die Knie, ein Stillstand, der fast zwanzig Jahre dauern sollte. Zu allem Unglück brach im Juni noch eine Choleraepidemie aus, die zahlreiche Besucher von der Messe fernhielt.
Die Wiener lieben diesen Vergnügungspark, wo sie sich am Sonntag Nachmittag treffen und die Kinder mit der Liliputbahn durch das Gelände fahren können. Im Volksprater, auch Wurstelprater genannt, steht das weltbekannte *Riesenrad,* das neben der Turmspitze des Stephansdoms beinahe zum zweiten Wahrzeichen Wiens geworden ist. Das 64 m hohe Rad mit einem Durchmesser von 61 m wurde 1897 von der Londoner Firma Basset gebaut. Aus den Kabinen des Rades, das für eine Umdrehung 20 Minuten benötigt, genießt man ein wahrhaft unvergeßliches Panorama der Stadt.

Das «Riesenrad» im Prater.

Attraktionen aller Art im Volkspark des Praters. ▶

SUPERMAN
KASSA

Sportschießen

BOOMERANG

DONAUPARK - DONAUINSEL

Der moderne Park wurde ursprünglich für die Internationale Gartenschau 1964 angelegt und umfaßt ein großes Gelände zwischen einem alten Donauarm und dem Bett der neuen Donau.
Auf dem abwechslungsreichen Parkgelände liegen Sportanlagen, Kinderspielplätze, Fahrradpisten und Eislaufbahnen, Minigolfplätze und Gaststätten. Im Park steht auch der 252 m hohe Donauturm, der 1964 nach dem Vorbild anderer Fernsehtürme errichtet wurde. Mit Schnellaufzügen kann man in 170 m Höhe ein Café-Restaurant erreichen, das eine herrliche Aussicht auf die Donau und die Stadt Wien bietet. Die Donauinsel, eine 21 km lange und rund 250 m breite Insel, ist im Rahmen des Hochwasserschutzes durch den Aushub des zweiten Donaubettes entstanden. Sie ist Wiens größtes Bade- und Freizeitgebiet, nur wenige Minuten vom Stadtzentrum entfernt. Man kann auf dieser grünen Insel sonnen, radfahren, spazierengehen, man kann auch surfen, rudern, segeln und Wasserski fahren. Erholungsmöglichkeiten, die von den Wienern vor allem am Wochenende fleißig genutzt werden.

UNO-CITY

Im Südteil des Donauparks, nahe der Reichsbrücke, schuf die österreichische Regierung das «Vienna International Center for the United Nations and International Atomic Energy Agency», meist in der abgekürzten Form «UNO-CITY» genannt. Der Bau wurde nach einem Entwurf des Architekten Johann Staber 1973 begonnen und 1979 fertiggestellt. Der gekrümmte Komplex enthält neben unzähligen Büros und UNO-Abteilungen ein hochmodernes Weltkongreßzentrum.

Sport und Spiel im Donaupark.

Die UNO-City. ▸

HEILIGENSTADT

Dieses alte Weindorf am Stadtrand von Wien ist vor allem mit dem Namen Ludwig van Beethovens verknüpft, der sich hier mehrmals aufhielt.
Am Pfarrplatz Nr. 2, neben dem mittelalterlichen Pfarrkirchlein, steht ein einfaches Haus aus dem 17. Jh., wo der Künstler einen Sommer verbrachte. Der Dichter Franz Grillparzer (1791-1872) erzählt, daß seine Mutter das Haus nebenan gemietet hatte, das nur durch einen Gang von Beethovens Wohnung getrennt war. Der junge Grillparzer liebte es, an der Tür zu lauschen, wenn der Meister spielte, doch leider wurde er dabei ertappt, und für den Rest des Sommers schwieg das Klavier des beleidigten Musikers.

Heiligenstadt: Pfarrplatz mit Pfarrkirche St. Jakob.

Heiligenstadt: Beethoven-Haus.

GRINZING

Das alte und volkstümliche Winzerdorf an den ersten Hängen des Wienerwaldes wurde erst 1891 dem 19. Bezirk der Stadt eingegliedert. Trotz mehrfacher Zerstörung durch die Türken und Franzosen konnte der Ort einige historische Gebäude bewahren, wie den Trummelhof und das Alte Haus. Heute ist Grinzing ein beliebtes Ausflugsziel für Touristen, die von den traditionellen Heurigen und der fröhlich-pittoresken Atmosphäre auf den belebten Gassen angelockt werden. Die Heurigen sind typische Lokale, in denen der junge Wein («heurig» heißt von der letzten Ernte) ausgeschenkt wird. Sie werden meistens von den Weinbauern selbst betrieben und sind durch einen Föhrenbusch gekennzeichnet. Hier ißt und trinkt man bei traditioneller Wiener Musik (Schrammelmusik) mit dem typischen Quartett, das sich meist aus Zither, Violine, Gitarre, Ziehharmonika zusammensetzt – ein echtes Stück Wiener Leben. Auf dem Friedhof von Grinzing ruhen illustre Persönlichkeiten wie Heinrich Ferstel, der Architekt der Votivkirche (1828-1883) und Gustav Mahler (1860-1911), Komponist und langjähriger Direktor der Wiener Staatsoper.

Grinzing: der Trummelhof, ein uraltes Heurigenlokal.

Grinzing: das Heurigenlokal Reinprecht im typischen Biedermeierstil.

Grinzing: beim Heurigen.

KAHLENBERG

Der Name dieses Berges ist an die denkwürdige Niederlage der Türken geknüpft, die 1683 Wien belagerten. Am 11. September verübten die kaiserlichen Truppen unter dem Kommando Herzog Karls von Lothringen, im Bündnis mit dem Polenkönig Johann III. Sobieski, dessen Einheiten bei Tulln dazustießen, einen Nachtangriff und vertrieben die Türken von der Höhe des Kahlenberges.
Am Sonntag, den 12. September, stürmten die kaiserlichen Truppen von der Anhöhe hinunter in die Ebene und auf die Stadt zu, wo sich der Feind verschanzt hatte. An vielen Stellen wurde gleichzeitig gekämpft, und das Schlachtfeld war so groß, daß es den kaiserlichen Generälen, aber auch dem türkischen Oberbefehlshaber Kara Mustafa nicht gelang, eine einheitliche Kampfstrategie durchzusetzen. Als dann die christlichen Truppen ins Zelt des Wesirs eindrangen, traten die Türken als ungeordneter Haufen eiligst den Rückzug an. Es war um 17.30 Uhr nachmittags: die Belagerung Wiens war beendet.
Den Kahlenberg erreicht man über die Höhenstraße, die sich an den Hängen des Wienerwaldes hinaufwindet. Von

Kahlenberg: Kirche St. Josef.

Kahlenberg: Blick auf die Hänge des Wienerwaldes und Wien.

Wienerwald.

Leopoldsberg: Leopoldskirche.

der Bergterrasse genießt man ein herrliches Panorama von Wien und der Donau. Hier steht auch die 1734 fertiggestellte Josefskirche. Das Innere bewahrt eine Kopie der berühmten Schwarzen Madonna von Czenstochau, des meistverehrten Marienbildes in Polen. In der Sobieskikapelle sind Erinnerungen an die Schlacht von 1683 und den Polenkönig zu sehen.

LEOPOLDSBERG

Kaiser Leopold I., der seinen Namenspatron, den 1485 heiliggesprochenen Markgrafen Leopold III., sehr verehrte, ließ 1679 den Grundstein zur Leopoldskirche legen. Damals, bis 1693, hieß der Berg «Khallenperg», wurde dann in Leopoldsberg umbenannt, und der benachbarte Sauberg erhielt seinen heutigen Namen Kahlenberg.
Bei der Entsatzschlacht gegen die Türken war der Leopoldsberg ein strategisch wichtiger Punkt. Dort zelebrierte der päpstliche Legat Marco d'Aviano am Morgen des 12. September 1683 vor Schlachtbeginn die Hl. Messe im Beisein des Oberbefehlshabers und Königs von Polen Jan Sobieski. Nach dem Sieg über die Türken wurde die Kirche wieder aufgebaut und 1693 vollendet, von 1718-1730 vom italienischen Baumeister Beduzzi durch Anbauten erweitert. Ein Drittel der Kirche wurde 1945 durch eine Fliegerbombe zerstört. Vom Kirchplatz bietet sich ein überwältigender Fernblick auf die Donau und die Ostviertel der Stadt, bis weit hinaus in die ungarische Ebene.

KLOSTERNEUBURG

Das Augustiner-Chorherrenstift wurde um das Jahr 1100 von dem Babenberger Markgraf Leopold III. gegründet. Die Geschichte der Klostergründung ist an eine kuriose Legende geknüpft. Als das markgräfliche Paar auf dem Söller seiner Burg auf dem Leopoldsberg stand, riß ein Windstoß den Schleier der Markgräfin Agnes fort, und Leopold gelobte, an der Stelle, wo der Schleier niederfiel (es war bei einem Holunderstrauch), ein Kloster zu bauen. Im Jahr 1683 wurde das Stift durch Brand beschädigt.

Kaiser Karl VI. beabsichtigte auf dem Areal des Stiftes eine kaiserliche Klosterresidenz in Anlehnung an das spanische Klosterschloß El Escorial zu bauen. Für die Ausarbeitung beauftragte er den Mailänder Donato Felice d'Allio, dessen Plänen wahrscheinlich ein Entwurf von Joseph Emanuel Fischer von Erlach zugrunde lag. Eine aus vier großen Höfen bestehende Anlage war geplant, deren Eck- und Mitteltrakte große Kronen des Hauses Österreich tragen sollten. Beim Tod des Kaisers, 1740, waren erst zwei Flügel fertig. Die Bautätigkeit erlahmte dann wegen fehlender finanzieller Mittel, und erst 1836-1842 schloß der Architekt Joseph Kornhäusel den noch offenen einzigen Hof zusammen. Die 1136 geweihte Stiftskirche wurde im Laufe der Jahrhunderte mehrfach verändert. Der Südturm ist 1596 mit Galerie und Zwiebelhelm abgeschlossen, der Nordturm 1638-1644 von Giovanni Battista Carlone in

◂ *Klosterneuburg: Blick auf das Stift.*

◂ *Klosterneuburg: die Türme der Stiftskirche.*

Perchtoldsdorf: die Pestsäule und der Wehrturm.

gotischer Form aufgebaut worden. Der Dombaumeister von St. Stephan in Wien, Friedrich Schmidt, begann 1879 mit der Restaurierung des Außenbaus der Stiftskirche, bei der auch die beiden Türme ihre heutige Form erhielten. Das Innere erfuhr zwischen 1634 und 1730 drei barocke Ausbauphasen. Das Stift bewahrt zahlreiche Kunstwerke, unter anderem den berühmten Verduner-Altar von 1181, das bedeutendste Emailkunstwerk des Mittelalters, mit 51 Bibelszenen des Meisters Nikolaus von Verdun.

PERCHTOLDS-DORF

Auch dieses alte Weindorf bewahrt bemerkenswerte Bauwerke der Vergangenheit. Auf dem Hauptplatz steht die traditionelle Pestsäule, die Johann Bernhard Fischer von Erlach im Jahr 1713 entwarf. Daneben erhebt sich der mächtige Wehrturm aus der 1. Hälfte des 15. Jahrhunderts, als die Kirche zur Wehranlage ausgebaut wurde, heute Wahrzeichen des Städtchens. Bewundernswert ist auch die um 1340 erbaute Pfarrkirche St. Augustin mit prunkvollem, dreischiffigem Innenraum und schönem Hochaltar im Barockstil.

MÖDLING

Das alte Babenberger Städtchen hat ein vollständig intaktes historisches Zentrum. Den Hauptplatz von Mödling ziert eine traditionelle Dreifaltigkeitssäule oder Pestsäule aus dem Jahr 1714. An diesem Platz stehen außerdem das Renaissance-Rathaus aus dem Jahr 1548 und zahlreiche andere Gebäude im Stil der Gotik und Renaissance. In der nahegelegenen Hauptstraße 79 befindet sich das Beethovenhaus, ein herrliches Gebäude mit spätgotischem zweigeschossigem Arkadenhof, wo Beethoven, der hier 1818 und 1819 wohnte, seine «Missa solemnis» komponierte.

BURG LIECHTENSTEIN

Nicht weit von Mödling liegt die romantische Burg Liechtenstein, im 12. Jh. Stammsitz des gleichnamigen Fürstengeschlechtes. Durch die beiden Türkeneinfälle von 1529 und 1683 wurde die Burg zerstört. 1873 ließ sie Johann II. Fürst von und zu Liechtenstein stilgerecht wieder aufbauen. Die Burg und das zu ihren Füßen liegende Schloß (1820 – 1822 klassizistisch ausgebaut) waren das Zentrum eines romantischen Naturparks mit künstlichen Ruinen. Auf dem Kleinen Anninger wurde 1812 der Husarentempel, die klassizistische Nachbildung eines dorischen Tempels, erbaut, in dessen Krypta Fürst Liechtenstein sieben Krieger der Schlacht bei Aspern bestatten ließ.

LAXENBURG

In dem weitläufigen Park dieses Ortes liegen drei Schlösser der Habsburger: der Blaue Hof, auf Wunsch der Kaiserin Maria Theresia um 1752 von Pacassi zu einer neuen, großen Schloßanlage ausgebaut; das Alte Schloß, eine ehemalige Wasserburg, bei der man trotz zahlreicher Umbauten bis ins 18. Jh. noch erkennen kann, daß der 1. Hof von gotischen Gebäuden umgeben war; und die auf einer kleinen Insel errichtete romantische Franzensburg aus den Jahren 1798 bis 1836. In Laxenburg, der Sommerresidenz der

Habsburger, verbrachten Franz Josef und Elisabeth im April 1854 ihre kurzen Flitterwochen. Am 21. August 1858 kam hier der Thronfolger Rudolf zur Welt, der auf Schloß Mayerling einen tragischen Tod fand.

MAYERLING

Der Besucher, der nach Mayerling kommt, sucht vergebens nach den Spuren des wohl berühmtesten kaiserlichen Jagdschlosses.

Am 30. Januar 1889 fand man, im Eckschlafzimmer des Schlößchens, Rudolf, den Sohn des Kaisers und einzigen Thronerben, tot auf. Neben ihm lag der leblose Körper seiner Geliebten, der Baronesse Mary Vetsera. Ein Drama, das die Welt erschütterte und, aufgebauscht durch das Lügengespinst, das Franz Josef und die Polizei in Umlauf brachten, um die Geschichte zu vertuschen, schließlich zu einer Art Legende wurde.

Viel Tinte wurde verspritzt in dieser Affäre, aber was damals wirklich geschah, bleibt ungeklärt.

Der Prinz beging eindeutig Selbstmord durch einen Schuß in den Kopf, während die Todesursache der Baronesse viele Fragen offenläßt, da die Berichte über die Autopsie

Mayerling: die Klosterkapelle.

Mayerling: alte «Jagdhütte».

Das Grab von Mary Vetsera in Heiligenkreuz.

◂ *Mödling: Dreifaltigkeitssäule.*

◂ *Burg Liechtenstein.*

◂ *Schloß Laxenburg.*

– falls diese überhaupt durchgeführt wurde – niemals gefunden wurden. War es die unmittelbare Gefahr, der Teilnahme am sogenannten «ungarischen Komplott» öffentlich bezichtigt zu werden, oder waren es Depressionen angesichts eines eintönigen, reglementierten Lebens, dessen Zwängen er nicht entrinnen konnte, die Rudolf in den Tod trieben? War es die Aussichtslosigkeit einer großen Liebe oder die Tat eines von Morphium total geschwächten Körpers am Rande des Wahnsinns, wie er schon in der Familie der Mutter aufgetreten war? Oder war es – wie die jüngsten Vermutungen lauten – der einzige Ausweg nach einer von Rudolf veranlaßten und mißglückten Abtreibung, die mit dem tragischen Tod des Mädchens endete? Fragen über Fragen. Wahrscheinlich wird die Nachwelt nie erfahren, weshalb der Kronprinz den Freitod wählte. Die habsburgische Polizei sorgte dafür, daß fast alle Berichte über diesen Fall verschollen blieben.
Auch Schloß Mayerling existiert nicht mehr. Auf Befehl des Kaisers wurde das Jagdschloß abgerissen und an seiner Stelle ein Karmelitinnenkloster errichtet. Den Ort der Tragödie bezeichnet heute eine Kapelle, in deren Bau der Architekt zwei Wände von Rudolfs Schlafzimmer einbezog. Der Leichnam der Baronesse Mary Vetsera wurde in der Nacht des 1. Februar 1889 heimlich nach Heiligenkreuz gebracht und auf dem Ortsfriedhof in aller Eile beerdigt. Hier ruht er noch heute.

HEILIGENKREUZ

Der Komplex des Zisterzienserklosters Heiligenkreuz wurde 1135/36 vom Babenberger Leopold III. auf Rat seines Sohnes Otto, der Zisterziensermönch war, gegründet. Der Name des Klosters rührt von einem Splitter des Kreuzes Christi her, den der Neffe des Gründers, Herzog Leopold V., im Jahr 1183 aus dem Heiligen Land mitgebracht und dem Kloster gestiftet hatte. Im großen Arkadenhof stehen der Josephsbrunnen und die Dreifaltigkeitssäule, die G. Giuliani im Jahr 1739 entwarf. Gegenüber blickt man auf die strenglinige romanische Fassade der von einem Turm des 17. Jahrhunderts (1674) bekrönten Stiftskirche. Der dreischiffige Innenraum ruht auf eindrucksvollen Pfeilern, im Chor auf Bündelpfeilern. Das Mittelschiff endet in einem weiten, hellen Chor (1295 geweiht), der als Meisterwerk der österreichischen Gotik gilt. Bemerkenswert ist der Kreuzgang (1220-1250) mit über 300 Säulen aus kostbarem rotem Marmor und zwei Holzskulpturen des stiftlichen Bildhauers Giovanni Giuliani: Maria Magdalena salbt Christus die Füße, und Christus wäscht Petrus die Füße. Der Kirche gegenüber liegt das Stiftsmuseum, wo Modelle und Studien Giulianis zu sehen sind, ferner Kirchenfenster, Waffen, prähistorische Sammlungen und Exponate aus der einheimischen Volkskunst. In der Gemäldegalerie befinden sich deutsche Werke des 15. Jahrhunderts und österreichische Barockmalerei (Martino Altomonte).

◂ *Heiligenkreuz: Fassade der Stiftskirche und Dreifaltigkeitssäule.*

Heiligenkreuz: das Innere der Klosterkirche.

Heiligenkreuz: Kreuzgang.

INHALT